设计是门好生意 2
如何打造成功设计团队

The Business of Creativity

How to Build the Right Team for Success

（美）凯斯·格拉内（Keith Granet） 著
严康 董治年 译

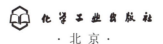

·北京·

THE BUSINESS OF CREATIVITY, by KEITH GRANET.
ISBN 978-1-61689-394-1
First published in the United States by Princeton Architectural Press.
Copyright © 2017 by KEITH GRANET. ALL RIGHTS RESERVED.No part of this publication may be reproduced, stored in any retrieval system or transmitted in any form or by any means, electronic, mechanical, photocopying, recording or otherwise without the prior written permission of The Publisher.
本书中文简体字版由Princeton Architectural Press授权化学工业出版社独家出版发行。
未经许可，不得以任何方式复制或抄袭本书的任何部分，违者必究。
北京市版权局著作权合同登记号：01-2018-8925

图书在版编目（CIP）数据

设计是门好生意. 2，如何打造成功设计团队/（美）凯斯·格拉内（Keith Granet）著；严康，董治年译. —北京：化学工业出版社，2020.7

书名原文：THE BUSINESS OF CREATIVITY

ISBN 978-7-122-36699-3

Ⅰ.①设… Ⅱ.①凯…②严…③董… Ⅲ.①建筑企业-组织管理学 Ⅳ.①F407.9

中国版本图书馆CIP数据核字（2020）第079581号

责任编辑：孙梅戈　　　　　　　　　　装帧设计：王晓宇
责任校对：王佳伟

出版发行：化学工业出版社（北京市东城区青年湖南街13号　邮政编码100011）
印　　装：中煤（北京）印务有限公司
710mm×1000mm　1/16　印张12　字数137千字　2020年8月北京第1版第1次印刷

购书咨询：010-64518888　　　　　　　售后服务：010-64518899
网　　址：http://www.cip.com.cn
凡购买本书，如有缺损质量问题，本社销售中心负责调换。

定　　价：78.00元　　　　　　　　　　　　　　版权所有　违者必究

致我的客户朋友：

是你们给予我探索未知领域和帮助公司成长的机会。

我们共同经历、一起学习，获取成功。

感恩生命中一路有你。

The Business of Creativity 2

How to Build the Right Team for Success

前言　　　　　　　　　　　　　　　　　　　PREFACE

你手中正捧着的这本书的创作热情源于我的第一本书《设计是门好生意：创意天分与商业智慧的平衡之道》，其目的是帮助那些具有创造力的人们，让他们知道在这世界上并非孤军奋战——设计，所有的设计，都是大家彼此协同努力的成果。当一位富有独创性思维的设计师萌生出一个创意之时，它的成功取决于他是否找到了对的支持者。

在撰写本书期间，我利用出差之便，有幸在希腊圣托里尼驻留数日。我暂时逃离了连日的工作，真切希望能静下心来思考本书的内容，并将我的所思所想传递给读者。圣托里尼洁白纯净的建筑和湛蓝的天空交相呼应，看上去仿佛大地精心编排的舞蹈般律动有序，抑或如诗歌悄然捕捉的灵魂般生机盎然。尤其是对于那些想投身于创意实践的人来说，没什么能比这质朴的设计与爱琴海惊艳的蓝色更鼓舞人心了。正是因为有一个团队为建设这座城市相互协作、彼此支持，才使圣托里尼成为如此经典的存在。

在设计实践过程中，无论是完善设计思路、执行设计作品还是将设计作品市场化，都离不开你所带领的团队。处理设计相关的商业运营问题总是一件容易令设计师分心的事，而你带领团队的目的正是为了减少你的分心项，让你专注于设计。作为一名设计师，你需要了解甚至精通你的生意，然而更重要的，却是能扬长避短。你必须了解自己的优点和缺点，你也必须清楚你所做的是什么，以及你还有许多不知道的事情。

作为格拉内联合设计公司的总裁，25年来我一直都从事着和创意设计相关的工作，然而若没有我的团队的帮助，我的创意都无从实施。我的设想之所以总能付诸实践，正是因为我带领的团队具有很好的执行力。

本书的每一章都列举了使创意实现最大化的技能。无论你是独资企业的老板还是拥有上百人的团队的领导者，都不需要就每一个技能去单独寻找员工，相反你需要确保你的团队拥有掌握多项技能的员工。

第一章是关于财务人员，即管理你所有财务事项的人。你的财务人员需要有足够的能力来赢得你的信任，因为许多设计师都曾因财务问题而陷入困境。

第二章介绍了谈单人员的重要性。许多有天赋的设计师在这个领域苦苦挣扎而不得法，他们太过专注于自己的设计作品的品质，而对其应换回的价值却不太关心。因此，如果你不擅长在交易时进行商务洽谈，那就找一个好的谈单人员，这样你的才华才能物有所值。

第三章对营销人员进行了深入的描述。在当今世界，营销和公关不再是照本宣科那么简单。除了传统的纸质媒体外，你还可以利用各类社交媒体以及其他的新方式。本章将向你介绍那些促进你工作升值，同时帮助你决定哪种销售方式需要你额外关注的人。

第四章探讨如何建立一个团队帮助你实现创意。团队并不仅限于办公室内与你共事的人，承包商、制造商或赞助商也能成为你团队中的一员，他们都能给你的工作带来巨大的帮助。

第五章的标题是"你不需要的人"。很多人在工作中都忍受着那些在自己的岗位上表现欠佳的人。我们都经历过糟糕的上下级或同事关系，处理这种糟糕关系的诀窍就是意识到问题的所在并马上远离他们。本章会帮助你认清那些不良的人，明白他们为什么需要离开以及怎样让他们离开。

第六章阐述了那些你能发挥自己的聪明才智做好的事情。前述各章都是关于将工作分配给他人，本章讨论的是必须由你自己来做的工作。本章将帮助你评估自身的技能和长处，并以此来定义自己的职业角色，明确哪些责任只属于你自己。

这本书旨在帮助你为自己的设计才能搭建更好的平台。无论你是希望拓展自身的设计才能，或是只想当好一个辅助者，我都希望本书能成为你职业道路上的成功指南。

CONTENTS　目录

001　第一章
财务人员：保护你的投资

财务为何如此重要　/ 002

你的财务团队　/ 004

制定财务目标和预算　/ 012

易于读懂的报表　/ 023

排除故障　/ 027

029　第二章
谈单人员：传递你的价值

设计行业的谈单技巧　/ 031

清晰地向客户传达价值　/ 041

挑选合适的谈单员　/ 050

学习说"不"的艺术　/ 053

你可以放弃什么，你永远不能放弃什么　/ 054

关键词　/ 058

061　第三章
营销人员：推广你的业务

什么是营销，它为何如此重要　/ 062

谁来做营销？　/ 069

了解你的市场　/ 074

媒体平台　/ 083

第四章
组建适合的团队
103

招聘合适的员工　/ 106

项目外包　/ 118

设立顾问委员会　/ 121

以客户为导向的员工架构　/ 124

符合公司愿景的组织结构　/ 127

培养你的团队　/ 129

第五章
你不需要的人
137

不良客户　/ 139

不良员工　/ 147

其他你不需要的人　/ 156

第六章
做好自己分内之事
159

我们为何需要他人　/ 161

你的职业生涯就像一颗洋葱　/ 162

面对失控　/ 172

增长　/ 174

社群的重要性　/ 178

爱你所做的一切　/ 180

181　鸣谢

CHAPTER ONE

第 一 章

财务人员：
保护你的投资

财务为何如此重要

如果说设计师的创造力和审美能力是一家设计公司的大脑的话，那么充足的资金和强劲的资金运转就是公司的心脏和循环系统。资金就像是血液和空气，是一家公司成长的基本需求。一旦公司的资金不能正常周转流动，那么公司的整体系统就会被破坏，这样的公司即使在市场中存活下来也很难得到进一步发展。

这个章节会帮助你的公司蓬勃发展。本章后面的内容可以教你如何将创意转化为资金，比如告诉你如何评价自己和你的工作以及你的公司，并教你如何使你所得的报酬最大化。然而实现这些的前提是，你公司的盈亏、资金流转和风险底线等基本财务状况都是正常运行的。一家财务状况良好的公司会拥有一套良性的体系，以及专职的人员，以确保公司运转稳定，鼓励成功并留有增长的余地。这其中当然包括公司的损益，但也包含了从预算到商业伙伴，从客户合同到员工福利，从收费结构到保险范围等所有的一切。

那些生命力长久且成功的公司往往是对财务足够关注的公司，它们会制定目标和预算，会建立财务跟踪系统，定期审查和分析财务报表。这些公司即使在低迷的市场中也能够发展下去，在困难的经济期仍然可以灵活运转、持续发展，它们也是那些在经济繁荣时期最有能力扩张并且能够开辟新的商业领域的企业。

事实上，我也见过一些创意平庸的公司，因为有着正确的商业策略，最后反而取得了巨大的成功。而与此相反的是，你可能是世界上最有才华的设计师，但身后没有强大的财务系统支撑，也没有对你的资金做合理的战略规划，你的生意之路走得很艰难且不怎么赚钱，这样的情况我们也很难称之为成功。

这一章中列出的战略和策略部署对于你公司的重要性不亚于你的创造力，有时候甚至更为重要。

为什么一个朝不保夕的艺术家无法成功

我知道你此刻的想法。你之所以成为设计师，不是因为你喜欢金融或者商业，更不是因为喜欢数学。你做设计师是因为你有创造力，眼界开阔，并且具备良好的品位和格调。你是一个艺术家。

然而了解你的财务状况，制定预算，建立你的业务跟踪系统以及雇佣合适的员工这些并不会牺牲你的创造力，也不会让你变得不那么"艺术"。相反，这些策略会给你更多的时间和空间去进行创作，因为你的公司状况会一直保持稳定，而你也就无须花费大量时间去担心它的债务偿付问题。资金安全带来创作自由。

不过，朝不保夕的艺术家的浪漫传奇故事依然是存在的。

很大程度上，这是因为富有创造力的人往往乐于无偿做他们从事的工作。这可以理解为他们对所做的事怀着激情与热爱，他们很乐意这样去做，并且几乎觉得无须得到别人的报酬。对他们而言，艺术创作与赚钱好像格格不入。

但其实这并不是相悖的，而且也不是不能赚钱。这并不是什么好事，因为"快乐"带来的后果便是你付不起房租，也付不起电费，你甚至连一名员工的薪水都无法支付。

你用自己的创造力所做的事，对于客户来说是非常有价值和意义的——只要问问那些想在没有设计师帮助的情况下建房子或者装修房子，却遭遇灾难性后果且为此付出高昂代价的业主就能知道。你必须承认这一点，并坚信你有充分的权利获得报酬，并且是丰厚的报酬。

你见过朝不保夕的艺术家能建立起一家公司吗？更别提他们监管的公司能取得巨大成功了。如果你不向客户收费，你就无法雇佣员工。如果你正处于青黄不接的财务状况中，也就不可能令你的公司实现增长。建立良好的财务体系和战略，并招聘相关的财务人员，这对实现公司的发展是至关重要的。

你的财务团队

我不是要求你亲自去管理自己公司的财务，实际上也无须这样。毫无疑问，你有监管的责任，因为你是公司的最终责任人。关键是你要有可以负责日常会计工作的财务人员，定期给你整理出简单易懂的信息报表，他们可以是专职的也可以是兼职的。刚开始可能只是一名兼职会计，随着公司的发展，这个角色可能需要一个全职在岗的会计，然后发展为财务主管、首席财务官（CFO）或者财务总监。当你的公司规模足够大的时候，你可能会有一个财务部门，包括一个会计或助理来帮助首席财务官或财务主管处理数据，一个人负责监督应付账款，一个人监督应收账款，此外还有另一个财务人员负责处理公司所有员工的薪资发放。

为什么要建立财务团队

你需要雇佣财务人员的原因其实再简单不过了，因为财务工作需要分配给别人来完成。然而，许多设计师都试图自己处理财务问题。他们开始做生意时知道如何开一张发票并发送给客户，然后试图用一个诸如"QuickBooks"这样的计算机软件建立他们自己的会计和财务系统。但很快他们就开始陷入困境之中。

即使在这个节骨眼上，设计师们也可能会拒绝雇佣财务专员，因为对于他们而言这似乎是一项额外的开支。然而，从长远来看，雇佣经验丰富的财务员反而能帮你省钱，因为不仅可以避免失误，还能节省你本来会花在财务问题上面的时间。这样你就可以努力在实际的项目创意上赚钱，而不是浪费时间和精力在应付

"有条不紊地和那些跟你有共同价值观的人一起工作，不管他们是员工、客户还是同行。"

马克·弗格森
（Mark Ferguson）

QuickBooks软件和整日担忧上。如果你每周花10个小时做你的财务工作——再花10个小时去担心财务有没有出错——你浪费的时间本来可以更好地为客户做设计。而这些浪费的时间也需要有人来买单，这就意味着你可以担负得起财务员为你工作的费用。

你不应该自己管理财务，就像你的客户不会雇佣一个会计师来设计他们的房子一样。专业才能造就成功。

团队里都有谁

你雇佣的财务人员会随着公司及其增长的需求而改变。以下是最常见的一些职位，从最早期的小规模公司开始，一直到公司扩大规模、有着更为复杂的需求。

兼职会计

兼职会计通常是你要雇佣的第一个财务人员，理想的情况是签下一个有设计行业经验并且熟悉其工作流程的人。除了做最基本的数据录入工作以保持你的财务记录准确并实时更新之外，一个兼职的会计人员可以及时地发送账单和合同，收取欠款，还可以帮助你每月检查财务状况。如果兼职会计的能力够强，你还可以让他处理员工工资、管理并更新会计程序、建立供应商账户、编制办公和项目预算等。你应该让兼职会计至少每周来一次你的办公室,特别是财务周转的时候更应频繁光顾。一般情况下,总人数不超过5人的公司都可以由兼职会计来完成财务工作。

全职会计

随着公司的发展,情况会逐渐变得复杂,你需要雇佣一位全职会计作为团队内部的成员。这名员工将履行与兼职会计相同的职能,但将专门为你工作,因此他会更多地参与日常工作,与公司的设计师一起参与项目并且负责办公室的预算。平时更多的参与将会减少你在年底花钱雇会计师集中准备纳税申报表的工作量。

财务主管

一旦你的公司达到20～30名员工的规模,就可以由更有经验、更专业的人来取代或者扩充你的会计队伍了。财务主管通常是对财务报告和税务筹划有深入了解的注册会计师,他会更深入地参与公司的整体财务管理。财务主管经常与供应商和客户商谈合同,并参与一些人力资源领域的事宜,包括员工福利,如分红、奖金和其他津贴等(图1.1)。

职位名称：财务主管

报告对象：合作伙伴

概述

财务主管负责监督公司的全部会计业务，其中包括管理营业报告，编制财务报表、总账调节，项目和成本核算、预算及规划，费用清单，现金管理，银行业务，管理计算机会计系统。财务主管必须精通预算、预测和分析，以便帮助合作伙伴积极评估公司的整体财务和行政健康状况，为所有的系统提高效率。他还负责寻找创新的、更行之有效的管理方案，并适时提出改革的建议。

具体职责

记账

管理应付和应收账款、数据录入、薪金发放、现金流向、工作成本核算。

费用清单及应收账款

确保每个项目的所有时间和费用都记录在每个月的费用清单上。为合作伙伴和项目经理起草费用和开支清单以供审核。每月的10日前完成邮寄所有单据。根据相关收款政策打电话给客户收取费用。每月或根据需要为合作伙伴打印应收账款报告。与合作伙伴讨论长期未结算单据的状况，并根据公司政策做相应处理。

应付账款

处理咨询和购销应付清单。向合伙人索取供应和咨询的费用清单。流程核查。

工资

在会计系统中处理和记录工资条。为合理征税向注册会计师提供季度和年终工资报告。

银行业务

将收取的现金存入银行。监控常用现金账户，确保所有应付账款有充足资金。核对所有银行账户的账目。在合伙人授权下转账。

人力资源

向新员工提供相应的就业和工资表。管理所有员工的福利，包括养老金、健康福利、保险政策以及年假/病假记录。就员工福利与合伙人进行沟通。

报告

根据需要打印和分析月末财务报告，为项目经理和合伙人打印项目成本报告。

常规事务

确保会计部门的完整性和保密性。根据需要为会计系统升级或更新模块。

图 1.1　财务主管的职位描述范例

首席财务官（CFO）或财务总监

你的公司最终可能会雇佣一个具有前瞻性商业思维和更广泛专业知识的人，设立在财务主管之上。通常当一个公司拥有超过30名员工时，这类高级财务人员对公司的发展就变得十分必要——当然也是负担得起的。CFO不仅像财务主管一样，会查看每一笔钱的花费和月度基本账单，还会从战略角度出发，与你商讨如何扩大公司业务并提高盈利。他们通常会管理人力资源的一部分事务，诸如员工的工资和福利，并与创意总监或项目负责人一起创建财务目标和预算。他还将帮助你的整个团队了解公司的财务状况，包括每个员工为公司贡献的利润，无论这种贡献是通过控制成本，还是提高项目的运作效率。你甚至可以期望他们在与客户的合同谈判中有重要参与。

请注意，一般来说，上述的每一个职位都可以被它后面讲到的职位所替代，尽管大多数高级职员（财务主管、首席财务官或财务总监）可能会让一些兼职或全职的员工来处理数据录入。一个大公司必然拥有一个完备的财务部门，由不同的员工担任各自特定的角色。

当然，以上讨论的何种公司规模雇佣某个职位的指导原则并不是一成不变的。如果作为公司的负责人，你本人便具备很好的商业头脑和悟性，那么你可能只需要雇佣一位能力超强的会计，即便公司有二十多名员工，在很长时间内他都会让你的公司运转得很好。但反过来，即使你的员工只有十五人，你也可能会需要一个具有战略性思维的财务总监。最好的方式就是寻找那些能配合你

单位：美元

	首席财务官	财务主管	全职会计	兼职会计
东北部	150,000	100,000	85,000	50/小时
东南部	110,000	85,000	75,000	35/小时
南部	115,000	90,000	80,000	40/小时
中西部	110,000	85,000	75,000	35/小时
西部	135,000	95,000	85,000	50/小时

图1.2　财务人员的平均工资（不含奖金）

的专业技能和工作风格的人，并且能利用他们的商业知识来弥补你的短板，让你建立一个更好更大的公司，所有这些都能支持你更好地发挥创造力（图1.2）。

▲ 务必谨记：这仍然是你的钱 ▼

不管你的财务团队有多强大，最终都需要你来负责，因为这直接关系到你和客户的钱，所以你需要了解资金的去向。你可以雇佣员工来处理繁重的工作，甚至是制定宏观经营策略和管理财务系统，但重大的资金决策永远不要完全委托给他人。这些决策都取决于你，所以你必须高度关注实际的财务表现。

你可能犯的最大错误就是卸下所有的财务责任，把管理权交予他人。不幸的是，对于那些不关心其业务资金问题的公司负责人而言，雇佣错误的员工来管理公司的情形并不罕见。如果放任自流，那名员工可能会在没有掌握核心专业知识的情况下犯错，更有甚者还会中饱私囊。我曾经不止一次地遇见过会计偷盗，财务主管的文件一团糟，收款人没有开具发票的事。（避免此类人事错误的建议，请参阅本书第五章。）也许直到公司负责人发现自己已经深陷财务困境时，才意识到某些环节可能出了问题。

无论你多么厌恶看数据和报表，你都必须清楚你的财务状况。这意味着，应该让你的员工以一种清晰且容易阅读的方式制作报告，报告中只呈现少量的关键数字，而不是给你一张又一张的电子表格，这会让你眼花缭乱。你必须在财务团队的帮助下每月查看这些报告，并于每个季度进行一次深入分析。在本章的后半部分，我将更详细地介绍这些报告的细节，查看它们的时间表以及你应该询问的相关问题。

财务团队和合同

财务团队应该在你的授权范围内工作。为此，他们需要了解公司的合同和合同制度，以及合同签署的前后流程。如果你有财务主管或CFO，他可能会为你处理合同的谈判工作。当你把这项工作委托给他人时，你对即将要谈判的内容、金额、费用，包括有关的基本条款等都要格外清晰。如果你不希望与客户产生矛盾的话，委托其他人代替你与客户谈合同是一个好办法。这样你就可以扮演一个"好人"，而CFO或财务主管则去扮演一个"坏人"，这往往很奏效。（更多内容请参见第二章。）

不管合同谈判工作由谁负责，即将签署的合同都应让专业人员仔细审阅，以确保公司和你的利益不受损失。对客户而言，合同不应该成为一种负担，过于烦琐冗长的合同可能会丢失客户。最重要的一点，合同的目的是要明确双方的所有期望，列出你将为客户做什么，以及你能从他们那里得到什么回报。这样就可以尽量减少项目进程中的反复修改和不必要的争论。

制定财务目标和预算

这是本章的最关键问题，也是公司福利最核心的保障。

在一家设计公司，设定财务目标就像是怀抱着一个水晶球一样，重要的是了解你的收支情况。没有人能预测公司会在下个月什么时候接到什么样的项目，更不用说一整年了。设定财务目标和预算的关键是利用你所熟知的东西——你的公司，你是谁，你如何经营公司，以及当前的商业环境——最大限度地降低你对水晶球式预测的依赖程度。

设定财务目标

永远不要脱离预算来设定财务目标，因为这很容易导致你追求由收支和费用结构以及开销反映出来的不真实的利润率。但是你可以对你所拥有和希望拥有的公司类型以及你所做的和想做的工作进行一些全局性的思考。之后你就可以确定你希望达到的公司纯利润水平。

我发现25%的利润率是设计业务成功的一个很好的目标。这个数值是基于你所花的时间，或者你在采购中赚到的钱，而不是以总收入为基础的。因为在总收入里，你的采购资金贯穿于你的业务中。这个百分比允许公司收取适当的费用，并为其员工提供适当的工作量，同时让公司可以支付固定费用以及一些可自由支配的费用，例如可以带来新业务的营销和创意项目。这个数字还意味着可以为任何突发事件所造成的开销提供资金储备。

在这个利润率之外确实存在极端情况。有些公司坚信的经营理念是希望尽可能多地赚取利润。他们的目标是用自己能掌控的最低的管理费用，加上大量高收入的项目来提升这25%的利润，这些项目通常规模较小，而且在理想状况下，廉价的劳动力在工作的过程中会快速完成工作。从理论上看似乎是可行的，但由于冷落了客户，这些公司可能面临着被客户疏远的风险，而他们的员工，甚至是他们的项目负责人也会因为工作量大而筋疲力尽。他们还可能通过收取不合理的高昂费用来赚取高额利润，而如果开始就以高于同行的价格参与竞标，或在最初的提案后增加额外费用，这样做往往适得其反，甚至导致失去项目。

与此同时，另一类公司可能更希望在资金允许的情况下建造一个尽可能轻松、低强度、富有创意的工作空间，员工们可以自己做研究，并且充分自由地支配时间。由于高薪和高昂的开销，以及少数不一定能带来投资回报的创造性项目，他们也许只有10%的利润，但他们并没有因此而抱怨。这也许都取决于如何选择，但如果这一切都是在没有经过深思熟虑的情况下发生的，就可能意味着公司的工作效率不高或者工作量不够，或者没有收取应得的费用，又或者仅仅是因为开支过高。不管是有意还是无意，以10%的利润率开展工作，在紧急或者不寻常的状况下不能够提供足够的资金缓冲。

所以我再次重申，你应该为25%的利润率而努力。

那么，如何做到这一点呢？这就需要编制预算。

预算

设计公司通常会做两种预算：一种是年度预算，即公司计划全年的收入和支出；另一种是项目预算，是给单个项目做的费用计划。（本章主要涉及年度预算，关于项目预算，请参阅我的上一本书《设计是门好生意：创意天分与商业智慧的平衡之道》中的第五章，项目管理章节。）

年度预算

一年的预算始于你已知的固定费用和预期的可变费用，以及你对收入进行的预测。尽可能多地知道这些固定数据，如果缺少固定数据，就应该寻找那些能够说明业务和整体经济增长（或收缩）的历史数据。你还可以对计划投资于公司增长和发展的任何额外开支做进一步的预算，所有这些都着眼于你的盈利目标。

固定费用和可变费用

最近我与一位潜在客户进行了一次会面，在那次会面中，我们审查了他过去12个月的财务状况。有一次,他向我求助说:"我们赚了很多钱,但是钱在哪里呢?"

运营一家公司是昂贵的,如果你没有提前计划和制定战略,或者说没有预算,最终你可能会疑惑自己投入的钱都去了哪里。有时候收取费用会滞后,加上各种固定费用的支出,会让你看起来好像有一个负的现金流。在其他时候,你可能会遇到更严重的问题。无论如何,提前了解你的开支都是明智之举。

以下是设计公司实践中应该考虑的主要开支。

- **工资** 由于大多数创造性的工作不出售具体产品,而是出售个人时间,所以一个公司的工资支出往往是其总开支中最大的一项。公司的工资成本通常是收入的33%。(所有百分比都是以成本除以总收入来计算的。)

- **租金** 根据你所在的地区,为公司提供场所的租金一般占收入的2.5%～5%。(在纽约等大城市,租金可能高达收入的10%。)

- **办公室开支** 包括从小型办公用品到大型开支,如计算机工作站和软件套件。曾经,建筑师用几根锯条、一扇旧门和一张绘图板就可以开工。然而,现在我们谈论的却是7000美元的计算机,也许还有5000～6000美元的用于公司网站开发的软件,这可是一笔不小的开支。

- **福利** 医疗保险和其他福利(人寿保险;养老金计划;节假日、年假、病假)的资金通常不应超过工资项目的25%。你必须决定你是支付公司员工每月所有的医疗保险费还是只支付其中的一部分。我发现约有半数的设计公司支付员工医疗保险费的100%,其他的公司则要求他们的员工自行分担医疗费用的5%～20%。(无论哪种方式,一个慷慨丰厚的福利都是充满诱惑的,你可以用它来雇佣最优秀的人,所以你会希望尽你所能把福利待遇做到最好。)

● **保险** 包括一般责任险、汽车保险和职业责任保险,都不应超过收入的2%。注意保险范围要广,但不要超额投保。根据经验,你要确保一次性的重大事件——一场诉讼、一个项目失败、一场交通事故——都有保险可用,当然也无须投保太多,以免保费对你的盈利情况产生重大影响。不过,这是个关于舒适区的问题,有些人更愿意享用更多保险带来的保障。

● **市场营销** 包括摄影、公共关系以及其他市场推广的促销费用。例如,在展览馆布置展厅的费用,这一类项目通常占到收入的4%～6%。

● **探索性的创意项目** 一家公司有时会寻求一些探索性的创意项目,让项目扩展到一个新的业务领域,或者以其他方式向前发展,即便这些项目最终的成本消耗太高而没有赚到钱。虽然眼前的收益没那么明显,但对于发展创新项目,长期的投资回报可能是巨大的。如果你想从事这些容易招致失败的项目,那么就应该把它们列入预算。我的建议是,你每年接触的此类项目最多一到两个即可。

除了上述内容,还有营业费用,你还会遇到可报销费用——比如为客户采购物品,或者你为一个项目承担的旅行费用,这些花费你的客户自然会支付给你——另外还有直接费用,这项费用不可报销,因为它已经包含在其他的费用里了,例如一个项目的咨询服务费。

由产生的费用预测收入

长期以来我一直坚信——经营一家公司的正确方法是先雇佣好的员工,然后寻找适合这些人的好项目——这也是我在亚瑟·甘斯勒的公司工作期间学到的。

然而却有很多管理者为了利益采取了相反的做法，他们将一些员工招入公司，雇佣他们处理工作，但当项目获利后，管理者会将其解雇。这些行为不仅不能让公司寻求到忠诚而又稳定的员工，还会增加预算编制的难度。没有一家公司可以明确预知项目什么会出现或者对方什么时候付款。（上面说到过，这需要一颗能预测未来的水晶球。）但对于一个爱解雇员工的公司来说情况会更糟，因为任何时候的员工规模都是未知的，所以不可能准确估计一年中的工资和福利支出。

如果你像我所建议的那样，先雇佣一个优秀的团队，再去寻找适合这个团队的项目，你将会有一个更成功的结果——你的团队将是一群契合你公司理念及审美的志同道合的人。如果你不希望突然增加人手，当你确实需要填补职位空缺时，你会有更多的时间，而花时间招聘是很重要的。项目易得，而好员工难觅。如果你打造的是一个安稳的工作环境，并为你的团队量身定制项目，那些志同道合、百里挑一的好员工便会留在这里。

这样做有一个额外的好处，就是可以相对容易地计算出你的收入需求，因为你的收入目标可以以员工人数和需要支付给员工的薪水为基准。

我们为那些了解自己员工规模的公司制定了一个公式，年度总收入目标＝员工工资总额×倍数，这个数字直接关系到维持现有员工规模所需的资金数额。将公司的直接工资总额（预计计费的小时数与原始工资成本的乘积）乘以3.5，可以计算出足以支付上述固定运营费用的收入，并且仍然可以获得所需的25%利润率。它不仅显示了你在一年中需要完成多少工作，同时也考虑到你为项目所设定的费用（参见20页的"明确你的收费"部分）（图1.3）。

2016年费用收入预测

员工	收费率	利用率	工时	预计收入	成本率	倍数：3.5	倍数：3.2
总监	$350	45%	1,824	$287,280	$120.19	$345,288	$315,692
总监	350	50	1,824	319,200	120.19	383,654	350,769
高级项目经理	250	75	1,824	342,000	96.15	460,385	420,923
高级项目经理	250	75	1,864	349,500	96.15	470,462	430,137
高级项目经理	250	80	1,864	372,800	84.13	439,115	401,477
高级设计师	225	75	1,904	321,300	79.33	396,476	362,492
高级设计师	225	80	1,904	342,720	79.33	422,924	386,673
高级设计师	225	80	1,904	342,720	72.12	384,462	351,508
项目经理	195	80	1,904	297,024	72.12	384,486	351,530
项目经理	195	85	1,904	315,588	70.00	396,508	362,522
项目经理	195	85	1,904	315,588	55.29	313,176	286,332
项目经理	195	85	1,904	315,588	52.88	299,560	273,883
工长	170	90	1,904	291,312	43.27	259,512	237,268
工长	170	90	1,904	291,312	43.27	259,516	237,272
工长	170	90	1,904	291,312	40.87	245,094	224,086
工长	170	90	1,904	291,312	40.87	245,122	224,111
绘图员	150	90	1,904	257,040	36.06	216,260	197,723
绘图员	150	90	1,904	257,040	36.06	216,273	197,736
绘图员	135	95	1,904	244,188	33.65	213,056	194,794
绘图员	135	95	1,904	244,188	33.65	213,031	194,772
绘图员	135	95	1,904	244,188	33.65	213,031	194,772
绘图员	135	95	1,904	244,188	33.65	213,031	194,772
行政管理	100	25	1,904	47,600	36.06	60,072	54,923
行政管理	100	10	1,904	19,040	31.25	20,825	19,040
行政管理	100	5	1,904	9,520	24.04	8,010	7,323
预算总额				$6,653,548		$7,079,329	$6,472,530

图 1.3 员工年度收入预测示例

当然，3.5的倍数不是硬性限制。收入预测需要担负得起你的开支，这样才能赚取你所期望的利润，但也不应该超出工作负荷。如果根据工资倍数的计算，你的预测收入不足以支付你的支出，或者得不到25%的利润率，就很可能需要做一些调整。也许是因为你发放的工资过高或是员工人数过多，又或者是你的收费率不足以支付你的工资成本，这意味着你需要提高你的收费率（我经常发现设计师在给员工加薪时忘记提高他们的收费率，这就降低了他们的利润率）。这也可能意味着你的固定开销太高，或者你的可变间接费用太多，比如市场营销和那些为招徕顾客而亏本经营的设计项目，你需要相应地进行调整。

年度预算的重要性

请记住，预算是需要提前计划的，这也解释了为何它总在来年具有指导意义。除了确定你的预期收入和支出之外，预算可以让整个办公环节有条不紊，并为未来的12个月制定战略。预算还能够让你充分考虑员工规模、开支状况、现有的工作量，这有助于帮你确定还需要做多少工作，以及雇佣多少员工。预算意味着计划和可控，能将意外降至最低。打一个开车的比方，你的预算可以帮助你观察到远处的道路，而不仅仅只看到前方的汽车。

如果你正在编制预算和做计划，你就能预测到不同的情形，并模拟出你在未来几个月和几年中的不同运作方式和结果。如果你事先做好了流失一个主要客户或一个项目被搁置的准备，当问题来临时你就会变得更加从容。（了解更多在类似情况下该怎么做，请参阅本章末尾的"排除故障"这一部分。）

因为做预算实际上是为了确保全年的稳定，除非有重大的事情发生，否则不宜在12个月内对预算调整超过一次。如果失去了某个大项目或者有其他的重大情况出现，此时你可以，也应当进行调整。但如果你只是定期调整你的数据，这就不是在做预算，只是对项目进行跟踪。这削弱了预算编制的一个主要好处，那就是能够在一年中（以及年底）回顾过去，将你的预测与现在的情况进行比较。预算的回顾作用与它的前瞻作用同样重要。

︿ 项目预算的重要性 ﹀

预算的重要性在于不仅能指导整体财务走向成功，同时也有利于单个项目的成功。你想要提前预估出你的员工在一个项目上需要多少时间，可以看看实际花费的费用和预期费用，比较它们与预测收入的关系。（关于如何确定收费请看下一段）。与团队分享一个清晰的项目预算可以帮助团队获得成功。这有助于他们了解财务状况并对公司的发展充满希望。如果他们每天在同一个项目上不辞劳苦地工作，却对其费用情况毫不知情，更别提这些费用是什么，很可能会在某一天，你和他们一觉醒来却发现没有足够的经费来完成这个项目。

︿ 明确（并坚持）你的收费 ﹀

设计公司有几种不同的方式来收取他们的费用，所有与这些相关的信息都在我第一本书（《设计是门好生意：创意天分与商业智慧的平衡之道》）的第二章中有讨论。在这里对于建筑师和设计师而言，收费结构最常见的做法之一，就是将一个项目的费用按建筑总成本的一定比例计算，就室内设计师而言则按装修预算计算。如果一个建筑师被委托设计一套造价300万美元的房子，公司规定其收费为这个建筑成本的15%，那么该建筑师将得到45万美元的报酬。

对于全国大部分地区的大多数公司来说，住宅建筑费用的15%通常是合适的，但我确实也看到有10%到25%的情况，这取决于公司位于哪里、它的客户基础，以及它在业界和公众意识中的认知度。下图显示的是美国各地区的收费情况（图1.4）。

室内设计

收费类型	东北部	东南部	中西部	南部	西部
每小时[1]/美元	100～300	75～250	75～250	75～250	100～250
占消费预算的百分比	30%～35%	25%～30%	25%～30%	25%～30%	30%～35%
每平方英尺[2]/美元	20	10	10	10	15
总额[3]/美元	(参考上述数据，但一开始就将其确定好)				

[1] 从初级设计师到总监
[2] 设计费加成
[3] 通常基于一次性费用加上利润

建筑设计

收费类型	东北部	东南部	中西部	南部	西部
每小时[4]/美元	100～350	75～250	75～250	75～200	100～300
占建筑成本的百分比	15%～18%	8%～10%	8%～12%	8%～12%	15%～18%
每平方英尺[5]/美元	100	75	75	65	90
总额[6]/美元	(参考上述数据，但一开始就将其确定好)				

[4] 范围从绘图员到总监
[5] 随着项目规模的增加而调整
[6] 按百分比计算，但不随项目成本的增加而调整

图 1.4 按地区分类的收费结构。这是室内设计和建筑设计的平均收费结构，但任何创意领域的人都可以使用这些数字来确定自己的收费

你设立的收费体系应该保持不变，因为它直接关系到你自身和你的工作在市场上的价值。我将在第二章中更为详细地阐述为什么你在收费问题上保持立场坚定是至关重要的，并解释如何做到这一点。在这里，我要指出的是，明确收费可以帮助你创建最合理的年度及单个项目的财务目标、预算和收入预测。有弹性的收费会严重损害预测的准确性，并可能使你很难成功地开展业务。

除了按一定比例收取费用外，我们的许多客户还将可报销的费用增加了10%至20%。该加价包括了提前使用资金的成本以及管理和结算这些费用的管理成本。

▲ 关于账单和现金流通的说明 ▽

那些刚开始建立公司，雇佣第一批员工的设计师们可能没有意识到，类似于公司的薪水滞后这类问题，在财务上存在着巨大的挑战。当你还是个体户时，这种情形可能会使你受挫，然而一旦你有了员工，就不仅仅是受挫这么简单了。

由于存在劳务关系，你通常给员工在中旬和下旬发工资。然而，你的客户最多只能按月给你结账，而你也只能根据你和你的员工已完成的工作开出账单。客户更有可能未能在你开出账单后的30天、45天、甚至60天内付给你钱。在这段时间里，你要支付员工多达四个周期的工资。

首先要意识到的是，在你增加员工之前，需要一大笔资金和一些现金。

第二件事是务必要及时记账，并且跟进和收集这些账单。

如果你的系统能在每个月的第一周或第二周及时地把账单开出来，加上一个能帮你追缴首付款的人，你就很可能会在30天到60天内看到这些账单上的收入。即便如此，在客户付款之前依然存在两个付薪酬周期，所以你需要有足够的现金流作为保障——这些资金来自前几个月及时、高效的账单收入——用于支付你的员工工资和其他管理费用（图1.5）。

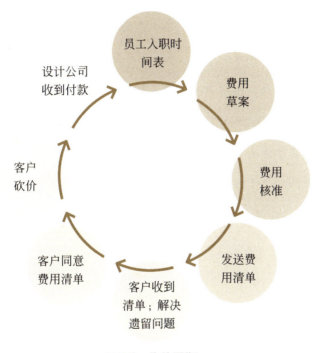

图1.5　收款周期

易于读懂的报表

保持对公司财务状况充分了解的最好方法是让财务团队制作易于阅读的报表。这些报表应该定期提交给你，你应该和你的财务专家共同审阅。哪怕是在更具挑战性的时期，这可能也只需要一个小时，最多两到三个小时即可完成。

以下是你应该在每周、每月和每季度看到的报表。

- **利润表**　也叫损益表，它比较了本月和本年迄今为止的月收入和支出，能够很快反映出公司的收入和支出情况。应当每月复查。

- **资产负债表**　显示资产、负债和净资产的报告。在这里你可以看到你的现金状况、应收账款和应付账款。应当每月复查。

- **利润计划报表**　也称为业务预算报告或实际与预算分析。它将损益表中的实际收入支出与年度预算中的预期数字进行了比较。这是一份很好用的报表，因为它说明了实际情况与预算匹配得如何。应当每月复查。

- **分类总账**　按类别全面记录项目财务收支情况的数据报表。例如，如果你在看市场营销的分类总账，你也许可以看到广告或者公关顾问与客户共进午餐的开销。你的财务人员应每月审查此事项，并以汇总的形式提供含有特殊费用的报表。

- **采购报告**　一份向你展示公司所有采购活动状况的报表：比如需要支付多少费用给供应商，客户付给了你多少钱，还有什么需要支付等。应当每周复查。

- **应收账款报表**　这个报表记录了谁欠公司的钱，欠了多少，以及何时应该归还。这份报表对你很有帮助，因为它能很快地显示出公司账上少了多少钱，以及相关人员是谁。应当每周复查。

- **应付账款报表**　与应收账款报表相对的一份报表，这份报表显示了公司欠谁的钱，欠了多少钱，什么时候到期。应当每周复查。

你应该每周或每个月去查阅大部分的报表，每个季度对你的财务状况进行一次分析是很有必要的。这就意味着要深入地察看，与预算和收入预测作对比，看你做得如何。下面这份经营综合报表是多年来我们在格拉内联合设计公司编制并修订过的，它为那些极富创造力的人们提供了一份通俗易懂的重要数据。它将所有的关键财务信息放在一页文档中。你可以清晰地看到本月和前一个月以及这一年来相关预算的比较信息。它立刻就能清晰地反映出这家公司做得多好（或多糟糕）（图1.6）。

这些报表的频率并不是一成不变的。在刚开始创业的时候，你应该知道你每周的资金流动状况，所以你应该每周检查你的应收账款和应付账款。而当你的公司经营逐步稳定的时候，就可以每个月检查一次。以此类推，如果一切继续稳定运行，你可以每个季度检查一次综合报表，但是如果有问题，你就应该每月检查一次。

你需要查看并认真分析数据的频率直接取决于公司资金的流动情况，以及项目和业务的顺利程度。复查这些数据总是必需的，但如果时机掌握得好，通

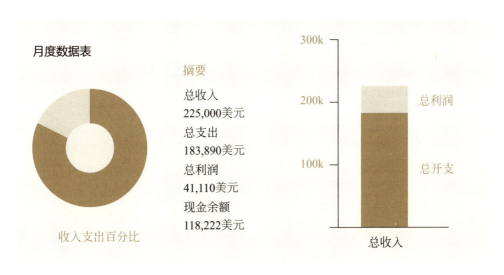

图1.6　月度综合数据表示例

常你不需要做什么重大的战略性决定，也不会占用很多的资金分配。

在经济不景气的时候，你可能需要每个月都分析一次财务状况，而不仅仅是每个季度一次。也许在每个月的财务复查中你并不能做很多改变，但是经常做深入的分析会让你清楚事情是否正在发生转变，这能让你更快地开始计划以应对改变。在2009年，所有的市场经济体系都在经济衰退的深渊中土崩瓦解，那时人们每天都在查看他们的财务状况，看看他们还有多少钱存在银行里，计算他们能拿出多少钱，该如何筹钱，以及如何支付供应商和员工的费用。

不管你多么频繁地检查和分析这些报表，当你和你的财务团队检查这些报表时，你都不应该是一个被动的观察者。一些关键的问题如下。

- 我们的现金流情况如何，你认为我们在履行下个月的债务方面有什么问题或需要担心的吗？
- 谁拖欠我们的账款60天以上？
- 我们还有未签署的协议吗？
- 我们的计划表上有哪些项目？它们可以落实吗？
- 这个月有没有超出预算的开支？
- 在接下来的几个月里，会有什么特殊开支吗？
- 我们是否需要向客户申请

> "当你作为一个有创造力的人而专注于创作的时候，你必须知道何时应该信任他人来完成工作，让别人也知道应该如何扶持你的创作，以及如何把它变成一个长期的生意。"
>
> 马克·斯扎夫兰
> （Marc Szafran）

或退回任何订金？

- 这个月有没有项目亏损？
- 有员工需要加薪吗？
- 在不久的将来，我们有招聘需求吗？

排除故障

即使有了一个伟大的财务团队，明智的预算编制，强有力的报表以及敏锐的跟踪系统，很多事情有时也会急转直下。发生状况的诱因多种多样，大到全球经济的一个转折点，小到因为一个客户搁置了一个项目。提前做好规划和现金储备可以帮助你度过这些如风暴一般的困难。我们可以介绍以下三个特别常见的挑战，以及克服这些挑战的具体策略。

获得财务成功的关键是能否得到合适的财务人员的支持。找到你需要的人，然后从他们那里获取你的所需，并定期进行沟通。首先要事无巨细地沟通，此后当你轻车熟路时，沟通效率就会显著提升。没有什么比坚实的财务基础更能释放你的创造力了。

"当诸事不顺之时，就和强者一起工作，因为你总会有所得。"

克里斯·波拉克
（Chris Pollac）

如果…	那么…
客户将你的项目搁置或者突然停止	● 迅速决断如何将员工从该项目中转移到其他项目中。 ● 利用不可退还的定金，这可以在你替换项目之前减缓财务压力。 ● 削减开支。 ● 你可能需要考虑裁员。
客户停止支付正在进行的项目	● 决定你是要中止工作还是尝试与客户谈判。 ● 给你的客户写一封信，表明除非你马上拿到工资，否则不得不中止工作。 ● 根据项目所处的阶段，考虑是否可以通过暂停提供图纸或设计来实现你和客户之间的博弈。 ● 将客户的定金用于支付未清余额。 ● 如果上述方法都没有奏效，你可能需要考虑采取法律行动。
一个项目由于管理不善而开始亏损，非客户原因	● 与项目经理会面，了解项目的当前状态。 ● 分析已经使用的总费用有多少，并计算出完成该项目所需余额。 ● 通知你的员工他们可以在该项目上继续工作多长时间，以便在不引起进一步损失的情况下结算工资（或者至少减缓损失）。 ● 确认提供给客户的任何服务是否超出了原始合同的范围，考虑是否可以作为附加服务来计费。

CHAPTER TWO

第二章

谈单人员：
传递你的价值

如果说前一章所涉及的财务主题可以被视为一种科学,那么谈单则更像是一门艺术,它需要技巧和策略,并时常带有些许戏剧性。

收取费用,或者说钱往往是谈单的目的,而谈判协商则是达到目的的一种手段。这是一个调查和游说的过程,通过这个过程,你首先了解(重复)潜在客户的需求,然后确定(重建)你的才能在帮助客户满足这些需求方面的价值。

谈单的目的在于确保你和你的公司能够获得应有的回报。这点很重要,因为你的成功取决于你创造力的价值,这不仅仅是针对单个客户而言,更是面向更广泛的市场。

在设计行业谈单,绝不应该通过削减设计费用来赢得一个项目,或者更糟的是,为了先赢得一个项目或是从别人那里偷走项目,故意出价比同行更低或更高。(记住,客户和你可能仅有一次交易,而你的同行们却是永远的。)谈单也不是为了榨取客户的每一分钱。

谈单的目的是告诉你的客户你是如何收费的,通过将这些费用与客户自己的项目联系起来,使他们相信这些费用是恰当的(图2.1)。

根据我在上一章中提出的指导方针,建立公平、适当和经济上可持续的收费制度之后,你就需要坚定地、毫不退缩地坚持这些数字。

接下来的这个章节并不是要探讨你的定价方案,而是关于如何能够坚持你的收费标准的策略和流程。我将解释如何在不调整费率或条款的前提下赢得工作。("条款"意味着一切,从调研期到竣工计划,从时间表到工程补偿款)。

当你帮助客户了解到他们的费用究竟花在何处,并且与你所在公司的报价是对等无误的,你就永远不需要就降低费率协商。

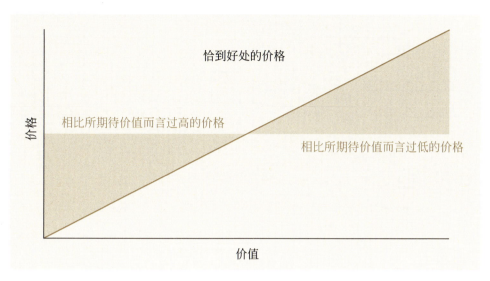

图 2.1 价格与价值

设计行业的谈单技巧

最近你有没有和你的医生、律师或是牙医就费用问题进行过交涉？从来没有，对吧？

因为这种举动大可不必，这些行业已经确立了先例，他们自有一套成熟的收费方式，并且这些费用与客户的期待值相符。事实上，其他行业所提供的服务在我看来本身也带有一些优势。相比之下，室内设计师和建筑师提供的服务在某种程度上常常被公众视为奢侈品。然而，问问那些曾经自己动手建造房屋、改建翻新或装饰新居，结果出了大纰漏的人，是否还觉得聘请一位设计师是一种奢侈？结果可能是，他现在知道了如果当初请一个设计师参与到他失败的DIY项目中，他本可以省下成千上万的费用。然而，设计师们却很难说服客户认识到他们的才能和技巧的价值，这使得客户很难接受行业目前的收费和定价结构。

在某种程度上来说，这种沟通的难点来源于大众认知，其中就有一种观念认为设计师在材料、产品、家具、人工费甚至工程补偿款上获利颇丰，索取了比现实花销高得多的利润。对此，我总是用一个零售行业的类比来回应：你不会去诺德斯特龙商场（美国高档连锁百货店——编者注），期望能以商家的进货批发价格买到一双鞋。因为批发都是薄利多销，设计师也是如此，但是商场会加价，因为要支付房屋租金、人员配备等开销，同时还要赚取利润。

没人奢望能用诺德斯特龙商场的批发价买鞋子，也没人要求牙医的收费打折，因为不会有人认为这些人不应该赚钱，这是他们的工作。所以，在推销我们的服务时，引导客户使他们明白：①雇佣我们是大有必要的；②我们的设计费与我们所提供的服务是对等的；③扣除了管理费用后，这些设计费让我们赚取的是适当的利润。

当然，问题在于如何让客户彻底理解，让他们明白设计过程中的每笔开销，而不是一味地进入讨价还价的境地。

▲ 谈单的七种成功策略 ▼

1. 充满自信。

当有人试图和你协商费用时，你的价值和才华都将受到考验，你要做的是竭尽全力维护它们。而要做到这一点，你必须保持自信，并且时刻展现出自信的一面，坚信客户是有求于你的，你能给予他们所需的，并且收费完全合理。你对你的才华和价值越自信，你就越不需要谈判，即便这个潜在客户的谈判技巧比你娴熟。

不久前，我的一位客户正在和一位大型房地产开发商开会讨论一个潜在的项目。这位开发商办公室的一块匾额上装饰了一把锯子，上面写着："恭祝花费更少，所得更多"。我的客户盯着那个匾额目瞪口呆，然后与这位开发商谈到他的费用，"显然我是不会赢的"，他指着那个匾额说道，"老实说，也许我不适合你。我知道你喜欢我的作品，但你清楚我的成本，也知道我不是每个项目都能赚很多钱。实事求是来说，这些都是公平诚实的。"

短短几句，我的客户不仅对开发商的谈判技巧赞不绝口，同时为自己赢得了尊重。整个局势就这样被缓和了，我的客户拿到了他想要的价格。这个故事的寓意在于：即使你手无寸铁，也不能让对手嗅到胆怯的气息，永远不要让他们认为你的价值可以被商量。

2.学会占上风。

当你因工作而变得越来越出名，备受赞赏时，你会发现讨价还价的次数越来越少，因为人们已经提前认可了你的声誉和价值。但即便是最富才华和广受欢迎的设计师也可能会发现，自己在谈单的当下是多么渴望赢得一个项目，然而，这个危险的行为会让客户占尽上风。无论你对获得一个项目是多么渴求，都必须先沉住气。

下面是我众多客户案例中的一个：一位才华横溢、充满抱负的洛杉矶设计师正准备与潜在客户见面。在会谈结束之前，他会问："你和其他设计师都谈什么内容？"哪怕客户的回答是："我们只和你谈，你就是我们想找的设计师"，而他却会跟客户说："你应该多看看，这儿有三个名字，去尝试和他们碰碰面。"

设计师们可能认为这充满风险，他们担心会失去客户，但十有八九那个客户会再度回头的，即便他再也没有向其他任何设计师咨询过。你越是表现出没有多大兴致，客户就越想和你攀谈，这是一个百试不爽的老把戏。它暗示着你的力量驱散了担忧，这股力量仿佛在说："请不要再彷徨了，我确信我就是你需要的人"，你有信心知道他们会回来。（如果潜在客户最终因为你推荐的同行离你而去，那也没什么大不了的，反正他们和你可能本来就并非同道中人。）

3. 倾听客户的意见。

学会换位思考。我会在后文进一步讨论这个问题，但作为一种战略，这也是值得注意的：为了赢得订单，你必须了解潜在客户的愿望和目标，以及他的担忧和恐惧。

一位客户曾要求我在旁边观察他和一个潜在客户的协商过程。会谈进行到一半，我注意到他的客户——一位知名的女演员，开始变得坐立不安，不久就借口去洗手间，在她不注意时我对我的客户说："你并没有仔细听她说什么，她认为这个项目应该是很有趣的，并且为此强调了四次。"他却回答说从未听到女演员是那样的说法。（正像我说的，他根本没有在聆听！）当这位女演员回到会议室，他的第一句话是："我希望你了解，一旦确定好了合同的相关细节，后续的过程应当非常有意思。"这位女演员把手用力往桌上一拍，激动地说道："终于等到了我想听的话，我真的想让这个项目变得很有意思。"结果怎样？我的客户拿到了这个项目，并得到了属于他的报酬。

就像你能通过谈论你的背景以及你对项目的理解来吸引客户一样，你也必须适时调整谈单要点，满足客户的所需和所想。这就建立了一个令人信服的理由来证明你的天赋对他们特别有价值，他们会更乐意为此买单。

4.保证公平。

有了理解，就应该有公平性。要看到方案中的某些内容可能不太合适，而客户的观点可能更合理。举个例子来说，有时建筑的工程或规范要求会极大地增加项目预算，但可能与设计师或设计方案无关。你不应该把这些纳入你的收费里。

5.阐明你的价值。

当然，谈单时也不全是关于客户的，你可以谈谈你过去的项目和所获得的成功。但是这必须针对你的潜在客户的背景去做，以帮助他们了解你能为他们做些什么，以及为什么值得花钱。带他们去参观你已经完成的不同种类的项目，这个过程最好是你亲自带领，如果需要的话，通过照片解释为什么每平方英尺都存在成本，以此让他们知晓钱究竟花在了何处。向客户展示你在过去项目中的预算、时间表以及你的团队构成，以便让他们了解到你团队的技能。我会在本章后面的"询问和宣传"中展开详细阐述。

6.消除担忧。

客户会提出各种各样的问题。你的工作就是解决这些问题——见第34页的"倾听客户的意见"，以及与之相对的"询问和宣传"——然后让客户知道你是站在他们的立场上并为他们着想的。

人们通常认为建筑师或设计师让他们花费不菲，或者花一些他们不愿意花的钱。你应当提醒这些人，他们对此可以坚决说不，客户拥有自主决定的权利。

7.懂得变通。

如果你愿意在日程安排、材料、人员配备等方面进行调整——但不是说要在收费方面调整——你和客户之间就能够签署合同。

客户可能会认为我们作为设计师，首要目的就是为了赚钱。然而，实事求是来说，我们代表的是客户，目的是让项目在预算范围内做到最好。我们必须向客户解释这一点，并确保他们不会遗忘。

信任的力量

以上所有策略可以总结为一点：建立信任。客户越信任你，他们也就越容易接受你的报价。他们会信任你的工作，同时也相信你在认真对待他们的每一分钱。

建立信任需要花费时间，而你在开始面对一位潜在客户的时候可能没有这么多时间。因此问题来了，你如何快速和你希望的客户建立信任呢？

答案可归结为——从一开始就认真对待客户所要求的每一个小细节。这就意味着，要及时回复电子邮件，保持电话畅通，准时赴约，为会议做好准备，在合理范围内做到有问必答，这些都是前期可以做到的工作。注意养成这些好习惯，你将会和新客户持续保持相互信任的关系。

想象一下，你和客户的关系就像银行账户一样。在一起工作的过程中，你不断将信托存款存入该账户。最终你会建立十分可观的信任储蓄。那时，如果你犯了一个错误，一些信用储蓄可能会流失，但因为你保持了很高的信用储蓄基数，这点损失会显得相对较小。相比之下，如果账户的信任度较低，而你犯了一个错误，那么就没有什么可利用的准备金，而你和客户的关系也可能会走向终结。

信任是双向的，从一开始你就应留意客户是如何对待你和你的同行的，如果客户漠不关心，甚至更糟的是在早期就恶言相向，不要期待他们会有所改变。如果你和你的团队没有得到很好的对待，那么你需要仔细斟酌是否要把此人列为客户。

当谈单发生时

我是个坚信应该在项目之前就与客户签订合同的人，要在流程开始时就把所有的费用、条款和条件都协商好。否则，如果你做事零零碎碎，或是一谈到收费就显得不那么自信，客户可能就会利用这一点。若是没有尽早确定合同细节，后续你就会看起来很刻薄，还有可能会发现自己做的事情比预期的要多，而收到的酬劳却更少。我从未见过哪个设计师能在项目中期成功签订合同，一旦项目推进了，就愈发难以在合同上达成一致。

由于一般的合同通常难以涉及设计行业的某些领域，你应该在协议中添加以下几点：

- 你拥有你的设计和你带给客户的其他知识产权的声明。因为这些是你的原创想法，不得外泄。

- 完备周详的说明尺寸、面积、项目工期。如果缺少这个说明，可能会面临工期拖延，这意味着你将不能如期收费。

- 确保你可以每年提高收费率。设计师通常不善于解决的一个问题是企业成本，包括逐年递增的薪金和员工的日常开销。因此，你要确保能够提高账单的费率，否则你的利润将大打折扣。如果你的收费是基于建筑总成本的百分比——这是一个常用且成功的收费结构（见第一章相关内容）——你需要确保你的合同有关于总费用的文字担保，如果建造费用增加，你的总费用（不一定是百分比的形式）也会随之增长。

- 允许拍摄记录你的工作。对你来说，为了今后的营销目的，能够记录并发布你的作品是很重要的。某些私人客户会对公开发布作品有异议，但至少你的作品集中需要有这些照片。客户也许不想让自己的家出现在杂志上，但他们可能不会介意出现在书中，比如你自己的专著中，如果是匿名的话，他们也许有可能同意在杂志上发布。

- 有限责任。尽量以文字声明，无论索赔的是什么，有可能的话，将责任限制在你的收费金额范围内。（让客户同意这一点通常不太容易。）

- 声明在客户一方想搁置项目的情况下，你能得到终止补偿费。这项费用涵盖了你在替代该项目时可能遭受的损失。因为引入新项目、将员工从一个项目转移到另一个项目并开始重新计费都需要时间和精力。如果你已经将大量资源投入到一个项目中，这个条款就非常重要。

● 对室内设计师和软装设计师而言，合同中应有对代表客户所购买的古董进行鉴定的免责声明。如果某一物品与经销商向你展示的不符，这一条款能确保应由经销商承担责任而不是你。

大多数设计师天生不爱与人起冲突，因此他们通常避免谈论费用和合同条款。然而，这些事情总是无法避免的。你和客户有必要签署正式合同，并签字确认。只是简单的握手约定会存在很多潜在问题，不仅会涉及债务和法律诉讼，而且还会制造很多麻烦，如果你想要从一个你一开始就不应该进入的项目中脱身的话。

不过事实上，彼此信任会比合同更重要，因为信任建立了真实的关系，而合同最终可能毫无意义。如果你试图和一位富有的客户在法律程序上针锋相对，到头来你可能根本没有足够的财力去赢得胜利，即使就合同而言你是正确的。

其他的谈判

大体而言，正如本章的大部分内容所涉及的，设计师会与潜在客户就订单谈判，但你也会发现自己在与新员工、老员工以及同行、合作方和供应商谈判。

我的观点是，给员工的薪水少付不如多付，因为付出和得到往往成正比。但不是每个人都会这么想。以前有个客户对我说："我雇佣有才能之人的方法是，把他们领进办公室，让他们对我的工作感到兴奋，然后，如果我们彼此欣赏我会说，'我特别想聘请你，但我担心可能付不出和你能力相当的薪金'。"这样一来，潜在的雇员在求职中就不会那么强势，我的客户也会利用她所声称的"贫困"来进一步与新员工洽谈。

然而，当你用这种方式处理之时，可能一开始就迈错了步子。==在我看来，如果有人开价50000美元，你应该给那个人55000美元==。这样做的好处在于，不仅表明你对此人能力的认可，也会让员工更加努力工作，以此让他们证明自己的能力对得住你为此多付出的薪金。反之，如果员工感到他的能力远远超过你付出的工资的话，最终可能会离开。激发员工的积极性，让他们感受到你看到了他们的闪光点，并乐意为此付出薪酬。

我承认，有些情况下，我提供给新雇员超过他们预期的薪水，结果却证明我完全错了，他们的价值可能只有我付给他们的一半。但在百分之九十的情况下，这种做法还是值得的。（如若不是这样，我不会让这名员工在公司工作太久，更多相关内容参见第四章。）

人们常常把自己的价值与自己的职位挂钩，甚至在面试新工作时挂上头衔。但是记住，仅仅因为公司项目的规模和范围的差异，不同公司的项目经理也可能完全是两码事。我始终认为，==头衔始终伴随着项目，一旦项目完成，这顶"皇冠"自然也就不存在了==。因此，就项目而言，你的某位员工可能是项目经理，也可能是管理者，又或者是绘图员。

与同行、合作方或者供应商打交道，其实不是为了谈判，而是为了从他们那里获得公平的、甚至是特殊价值或者高质量的工作，而这取决于你如何对待他们。==你怎样对待供应商，他们就会怎样对待你==。如果你聘用一位要求很高的家具制造商，而你能及时支付给他费用，遇事迅速决断，尊重他本人以及他的工作，相较于对他没有那么尊重的雇主而言，你就能确保他如期、如质、如量地完成好你所交付的工作项目。

忠诚也起着重要作用。倘若你一直反复聘用某位结构工程师，他自然会给出最好的报价，不仅仅因为他了解你，更因为你能提供源源不断的业务。但如果你经常和不同的承包商或供应商合作，你收到的货品就可能水准不一，而且因为你始终是一名新客户，自然也不会获得更优惠的报价。

与供应商谈判并不完全是为了钱，事实上，很少是为了钱。

清晰地向客户传达价值

谈单的开始和结束都面临着一个问题：对客户而言你的价值是什么？为了让可能雇佣你的客户认可你的价值，你首先要自己清楚自己的价值所在，不管你面对的是普通客户还是特殊客户。

一般来说，我们会关注做什么，以及怎样做，以确定自身的核心竞争力和独特卖点，我们认为这对客户来说是有价值的。当然，"做什么"和"怎样做"虽然很重要，但实际上它们都是"为什么"的次要因素。这是我从一位我最喜欢的TED演说家——西蒙·斯涅克（Simon Sinek）那里学到的，他是一位人类学者，因其《先问为什么》（*Start with Why*）一书和相关概念而闻名。我在这里总结了他关于领导力的观点，不过我还是推荐大家去看看他的TED演讲实录。

伟大的公司，伟大的领导者，伟大的创新者，他们都专注于"为什么"。斯涅克解释道："人们购买的不是你做的事，而是你为什么这样做……如果你谈论的是你所相信的，那么你就会吸引那些相信你所相信的人。"

你需要建立属于自己的"为什么"，然后将其销售出去，如果你之前一直在销售你"做什么"或"怎么样"，从现在起，你可以把那些换成"为什么"。例如，有些公司通过某种特定的审美价值观吸引客户慕名而来。斯涅克的观点是，人们买的与其说只是一种审美，不如说他们买的是对风格的热情和与他人分享的愿望，因为它改善了人们的生活，让世界变得更美好。

这个观点用在弗兰克·盖里和理查德·迈耶两位建筑大师身上恰如其分，他们的建筑不仅具有特别的外观，还能给人带来与众不同的感受，而且每位建筑师都有自己独特的观点。他们对待建筑的热情以及渴望分享是显而易见的。

然而这并非都和明星建筑师相关。我有个不太知名的设计师客户，专长于古典建筑。他对于客户的价值在于他对这种风格（"做什么"）的精通程度，但更重要的却是他对"为什么"的掌握。他的价值在于能够为客户和他们今天的生活诠释古典主义，分享他对审美的热情并改善人们的居住环境。人们为此慕名而来，而他也深谙此道。

有的公司则以能够设计多种风格、多种形式语言和乡土类型的项目而自豪。他们可能正在出售理解和诠释这些不同美学的能力，以及理解和诠释客户需求的能力。然而，如果他们从"为什么"开始的话，就会在建立对客户的价值方面做得更好——事实上，他们也乐于帮助人们创造一个独一无二、充满力量的家，协助客户满足自己的愿望，帮助他们发现什么样的空间让人觉得快乐，又是哪种风格最适合这样的空间。

还有一些公司可能根据提供的服务水平和参与程度来定义自身价值，尤其是办公室的管理层会这样考量。也许你会为自己作为顶级的项目经理，能在预算之下按时完成工作而自豪。或者你有特别的技能来应对后勤可能出现的种种问题，你也许会为客户24小时待命，随时可以与他们会面。有太多的设计师告诉我，客户之所以选择他们，是因为他们作为公司的负责人参与到项目中。当人们雇佣一位设计师时，他们倾向于自己能够直接与其合作，所以这一点也可以作为重要的价值。如果是那样的话，你的"为什么"将变成你对实操阶段的热爱，从一开始就直接与客户接触，帮助客户完成他们对完美住宅的想象。不过团队的形式也有其存在价值，你有能力组织一群有才能的人来承担不同范围的项目，你可以根据这种能力合理地定义你的价值。

一旦你确定了公司价值的"为什么"——它甚至可以是以上三种形式的组合——你就需要针对特定客户的特定项目来具体定义它。成功的工作似乎主要与你有关，但事实上更多的是与客户有关。根据你从客户那里了解的信息和需求，你可以提供量体裁衣式的定制化服务来满足他们的需求。最好的客户会和你不谋而合，而最成功的公司会和志同道合的客户合作。

询问和宣传

在向客户定义和传达"为什么"以及你的才能的价值时有两个关键的部分。

首先是询问：提出问题——与之同样重要的是要倾听答案——帮助你理解客户的"为什么"。他为什么要做他的项目，为什么他要来找你。分析了这些因素之后，你可以确定项目的经费是多少，目标和关注点是什么，以及客户对工作和项目的完成是如何设想的。

你是否是那种充满热情、有独立观点并让客户觉得是天生具备良好审美的人呢？如果是这样的话，你就有优势，因为他已经欣赏你所做的一切。然后你就能知道是什么让你的作品与他产生了共鸣，并在正式工作之前充分利用这些信息。

然而客户通常将设计师视为商品（即"做什么"，而不是"为什么"）：他们需要完成一些事情，但他们自己做不到，所以他们不得不雇人来帮他们完成。可能雇佣的是你，但如果别人的薪酬更低也许就是别人。在这种情况下，得到一个项目和客户的"为什么"就会显得尤为重要。为了推销你自己的"为什么"、你的想法、你的服务，你必须先弄清楚自己对于客户是否有吸引力，如果有的话，研究一下吸引力又是从何而来。

▲ 七个关键问题 ▲

- 你为什么要创建这个项目？
- 这个项目对你来说重要吗？
- 你为什么到我们这里来？
- 过去吸引你的地方或空间有哪些，为什么你认为它们很吸引人？
- 你以前做过这样的项目吗？
- 能介绍一下你的生活方式和工作方式吗？你的家庭或者工作经历对你而

言有什么重要意义?

- 你最珍视的三件事是什么?

只有在你获得了所有这些要点的信息后，才能确定这是否是一个适合你的项目和客户。如果答案是肯定的，那么你可以开始定义和交流你的"为什么"以及工作的价值所在。在合同中你也会为客户拟定一个恰如其分的、明确的属于你的价值概念。

从这里可以开始第二部分：宣传。这意味着通过向客户介绍你的服务来传达你的价值。依然是从"为什么"开始，然后继续讲你做的是什么和怎么做。你用你对项目的热情和渴望分享给他人的愿望来给客户留下深刻的印象（"为什么"），然后用你的审美和组织能力让他们赞叹不已（"做什么"），以及你所提供的完善服务（"怎样做"）让他们眼花缭乱。通过这些，你可以帮助客户理解你所提供的服务是物有所值的（图2.2）。

询问（第一步）	宣传（第二步）
了解你的客户。	告诉他们你为什么做你做的事。
发掘他们的好恶。	与他们分享你的优势。
找到你与他们的联系。	举例说明你对他们的了解以及为什么可以很好地为他们服务。
找出他们喜欢你作品的原因。	开始向你的客户展示与之相关的项目。
了解他们是如何发现你的。	分享一两个创意。

图 **2.2** 询问和宣传

传递价值的三种宣传策略

从"为什么"着手：展现你的激情

首先要解释为什么你是一个设计师，为什么你是这种类型的设计师？是什么样的动力让你涉猎这个领域的？你是如何分享这个充满激情的想法，并利用它来改善人们的生活，甚至改变世界的？为什么你想获得这个项目的机会？你又是如何把你的"为什么"和项目密切结合的？

接着是"做什么"：展示你的项目

在为客户建立了为什么之后，最具备说服力的莫过于分享你之前的工作成果。带他们参观你已经完成的、和他们相关的项目。可以通过浏览图片的方式，但最好是能亲临现场解说，当面叙述并展现你工作的最佳状态，把你为别人所做的案例和能为他们所做的工作有机地联系起来。这就是你的"做什么"。

要充分地利用这些参观机会，因为这也是最佳的交流环节。如果你能以不同的价格标准来一一对应不同的项目，效果当然会更好。这会让客户清晰地了解到每平方英尺400美元和每平方英尺800美元的工程细节及完成效果，也在很大程度上为那些对此行业不甚了解的客户解释了为什么你的开价比别家高。尤其是涉及住宅项目时，我常常听到这种困惑："我邻居建造房子才花了每平方英尺200美元，而我的房子却要每平方英尺600美元，我不明白为什么会有这样大的收费差异？"带领客户到现场参观房子可以直观地向他们展示花更多或者更少的钱可以做成什么样子，甚至还可能解决这样一个难题——客户的预算可能并不匹配他的具体计划。

然后是"怎么做"：解释你的过程和程序

除了参观房屋，你还应该通过让客户了解你的设计过程并将其与你的收费结构联系起来，以此维护你的价值。这就是你的"怎么做"。如果你为自己切身参与项目而感到自豪，现在是时候解释你和那些只把一套图纸交给建筑商的人有哪些不一样了。如果你喜欢与客户一起合作，而你的潜在客户也想参与其中，你就可以具体谈谈怎么做了。为了解释这一切，你可以提供项目和会议日程、时间节点、预算甚至是费用清单。这些文件展示了你是如何为你的客户着想，管理他们的钱和他们的时间，又是如何通过会议和行动让他们参与其中，这是沟通价值的重要组成部分。他们可能会把数百万美元托付给你，所以你要清楚如何处理这笔钱以及如何服务客户。

解释你如何为特定的项目配备员工，甚至你是如何为整个公司配置员工的，这些都是"怎么做"的重要组成部分。这可以帮助客户们清楚他们所支付的费用具体花在哪些方面，例如员工数量、专业技术水平以及由你的员工们提供的全套周到服务。要做到这一点，你可以提供类似规模的项目人员清单

"让你的账单变得透明，以便让客户了解他们所支付的费用。"

内维尔·特纳
（Newell Turner）

模板，以及提供不同层次的价位模板，另外你还可以邀请公司的员工们参加会议。事实上，我一直提倡带一名核心员工和你一起参加与客户的初次会议。这清楚地表明，你充分地信任由你领导的团队，一开始就让客户从侧面清楚他们的项目将会得到你公司全体员工的支持。（一定要介绍你办公室的其他人，并解释他们为什么来会议。）

与此同时，提出整体项目的详细方案，进一步解释客户将从你的员工那里得到的服务，这也顺便解释了公司的管理费用。实现这一点不一定非得用公司组织结构图的PPT演示文稿，过程可能会更微妙。例如，当你向客户讲解账单时，你可以提到你的会计，并谈论他将如何帮助客户解决关于账单的所有疑问。

提出建议

几年前我有个客户焦急地对我说："我们出现了问题，但不知道问题究竟出在什么地方，我们并没有像往常那样拿到项目。"于是我询问他公司的具体工作流程，他解释说，他通常会在项目现场与潜在客户见面，并与他们一起走访项目现场。在走访现场的过程中，他会告诉客户一些关于项目潜力的想法，然后在随后的几天内发送给客户一个提案。

我吃惊地问："哇哦！仅仅在初次会面之后，你就给他们提案？"他点了点头。"他们都还没有看到你的项目，也没有在你的办公室与他们进行正式的会面？"他又点点头。

我解释说，他的程序是不完整的。虽然他开始了一个调查询问的过程来帮助他理解项目和客户，但他并没有采取任何宣传的行动。他不仅没能从他的"为什么"开始——甚至完全跳过了这一过程。既没有让客户很好地了解他个人、他的热情和工作，也没有将他过去的经验与客户的项目联系起来。当然，他也没有解释费用是如何产生的。他未能为这些潜在客户定义和传播他的价值，这就是他们没有与他签订合同的原因。这难道能怪客户吗？客户收到的合同、价格表和条款都是脱离实际的。

"我觉得你的提案发送得太快了。"我说，"这是一个循序渐进的过程，不要希望过早和客户达成协议，而要在签署合同前尽可能多地与客户建立联系"。我当时向他以及我现在向所有客户推荐的步骤如下。

- 在项目现场与客户会面。这是调查的阶段，当你开始接触项目、客户以及客户对你的兴趣点时，尽可能多地了解他们，并提出第44页提到的关键问题。去发现客户的"为什么"。

- 将客户带到你的办公室并带他们参观你的工作。这是宣传阶段，使用前面讨论的三个价值确立策略来说明客户的钱买到了什么——你的"为什么"，你的"做什么"，以及你的"怎么做"。向他们展示你的项目，让他们了解你的工作流程，并将他们介绍给你的团队。当然，在整个过程中你仍然会谈论他们的项目，并且更多地

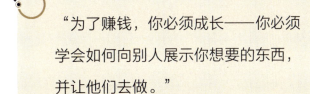

"为了赚钱，你必须成长——你必须学会如何向别人展示你想要的东西，并让他们去做。"

吉尔·谢弗
（Gil Schafer）

了解他们和该项目。在结束双方的会面时可以通过如下这样的方式:"现在我们对你的项目有了很好的了解,你也明白了我们为什么这样做,我们要做的是什么以及如何做,接下来我们将花几天时间来拟定一个提案,然后双方可以一起来审核这个提案。"

● 邀请客户重新审核提案。我更愿意让客户和设计师一同亲自审核提案,以便设计师可以帮助客户完全理解它并可以立即回答任何相关问题。这种工作模式有助于设计师和客户确定他们是否确实想要一起合作。根据客户的不同,你也许需要在会议之前发送提案。

如果你以任何方式缩短这个过程——想跳过"为什么"这个阶段——你很有可能会失去一个潜在的客户。

挑选合适的谈单员

派谁谈单

很多设计师都不喜欢和客户交流自己的费用和具体条款。他们觉得自己是伟大的思想家、艺术家,富有创造力的人,当他们不得不处理谈判和合同的细节时,这样做就会把他们和客户之间的关系搞糟,反而不能集中精力做他们擅长做的设计。

但请务必记住，作为自己公司的负责人，有你名字的铭牌会一直在办公室的门上，即使你不处理日常谈单事务，但如何运营公司，并且是正确地经营公司也是你必须承担的责任。

值得注意的是，在我的经验中，当客户看到你在经营你的公司时，哪怕是财务或者后勤方面的工作，他们也会更尊重你。也就是说，无论你是自己谈单还是让别人来做，你都能获得成功。

我曾经有一位客户经常自己谈单，我特别钦佩她的策略。她先与客户进行最初的会面，当涉及合同时她会说："让我们先来解决棘手的事情。先处理好所有的预案和条款，然后把它们放在一边，这样我们就可以开始设计你的家，纯粹地享受设计的乐趣。"她之所以能够成为她自己的谈单员，是因为她可以将谈单过程从设计过程中分离出来，暂时将它们分开——首先是交易，然后是设计——并且从心理上来看，对她自己和客户来说都是如此。将它们分开，这样就不会相互干扰。

制定这样一个策略——无论你是代表自己谈单还是代表他人谈单——确保在你和你的客户开始合作之前一切都已经准备就绪。正如我在本章前面提到的，你永远不希望在这个过程中节外生枝。所以最好让客户完成整个合同流程，并在你进入设计部分之前全部搞定，就像我的客户说的，只有这样你才能继续向前推进项目。

当然，许多人只是不想自己谈单——或者他们发现自己不可能成为谈单员，因为他们根本就没有这种能力或技巧。如果你是这样的话，就需要在你的公司里找到好的资深员工来为你谈单。然后，当客户问你有关费用的问题时，你可以马上解释说由你的同事来负责这些问题。他可能是你的CFO、财务主管或业务经理，不过我不建议你请会计来负责。你甚至可以依靠外部顾问或代理。（例如，我就为自己的许多设计师客户处理与客户谈单的工作。）

让别人——不管他是谁——做你的谈单员能带来很多好处。这可以让设计过程和谈单过程之间更明确地分离开。不仅可以防止你与客户之间的创意关系因谈论酬金而受损，还可以让客户有机会公开他们可能存在的、不愿与你分享的任何顾虑。你可以让他们与代理人员交流并减轻他们的顾虑——尤其是那些可能与你有关的问题。

好警察/坏警察

请一个单独的谈单员也可以让你玩好警察/坏警察的经典游戏。这是我和我的客户以及他们的客户经常玩的游戏。

一旦我的设计师和她的一个潜在客户之间出现了钱的问题——这种问题往往会出现得很早，而且经常出现，因为她一向都是以高端而又高调的工作风格而闻名——她就会说，"我从不谈论我的费用！和凯斯谈谈吧。"然后就是我负责说："让我告诉你和她一起工作的条件……"。

这种角色分离能够使她成为好警察，而我则是扮演坏警察。客户可能会提到我以他们认为很高的价格拿出提案，然后她可以同情地回应："哦，你知道，他总是那么强硬。让我看看能做些什么。"她甚至会向客户建议她可以降低费用或让她的条款更容易。但她会打电话给我，告诉我她的建议，然后说："但我真的不希望你同意这一点。"这样当客户回到我身边时，我会说我们不能使用这些费用或条款。

好警察/坏警察的角色扮演会给人一种放低姿态的印象。如果你真是这样想的，可以真的放低姿态，但当你不想让步的时候也能给你一个借口。你可以说这都是坏警察的错，同时又避免了争吵——至少可以让客户这样认为。

学习说"不"的艺术

对设计师来说，拒绝一个项目是最难的事情之一。我们担心下一个项目永远不会出现，或者是一开始有不好直觉的项目结果却变成了一个大项目。最终的结果是我们接受了可能不适合我们的项目，而实际上这样可能完全错了。

了解什么时候说"不"也可以指导我们进行反思，找出让你对某个项目说"是"的标准，然后当一个潜在项目没有达到这些标准时说"不"。制定和使用这些标准的细节将成为第三章和第六章的主题。正如你所料，其中很多都可以归结为你的"为什么"与客户的关系。

然而在这里，我想谈谈如何说"不"。你说"不"的目的应该是让客户放心，让他们仍然感到被关注，而不是完全被拒绝。要给客户留下积极的感受，因为你永远不知道什么时候有更好的机会可以再与他们合作，你也不知道他们何时会向别人推荐你——或者因为你给他们留下的印象太差而再也不会提到你。

首先，你要给客户一个很好的理由，最好是尽可能诚实的理由。一个温和的借口是告诉客户这是项目规模和公司当前营业范畴的问题。你可以告诉客户你实在太忙了以至于不能接受他们的项目。（如果真的是忙于承担一个项目，并且它是你中意的那个，有些客户会等你，但大多数则不会。）你也可以告诉客户，他们对项目的审美——但绝不是他们的个人审美——不适合你现在的工作。或者我会进一步地说，我不认为我和他们在设计哲学上能够达成一致。这似乎有点苛刻，但如果事实本就如此，客户可能也会有同感。

无论你提供什么理由，关键的第二步就是将这些客户引荐给其他人。这样可以帮助那些对下一步该去哪感到困惑的客户，将他们交给你信任的人。这样的引荐工作还可以让你在同行的业务圈中建立良好的个人声誉。这是一个传递爱的简单案例：人人为我，我为人人。

你可以放弃什么，你永远不能放弃什么

正如我在本章的引言中所说的，费用不应该被协商。降低价格对你公司的影响会比单纯赔钱更大。这么做就像是在暗示客户，你不重视自己的技术和才能，并且你的价值可以随意按照他们的意愿来判定。如果你让客户认为你的费用是可以商量的，那么他们会认为你的才能价值也是可以商量的。这会损害你的诚信和你在行业中应得的尊重。

折扣让每个人都感到不适。你可以向潜在客户解释，如果你总是收取建筑成本的15%作为报酬——这是行业惯例（参见上一章）——有人突然将你的费用降低到12%，那么你每次为这个客户工作时都会想到失去的3%，甚至可能会

为此而烦恼。出于人之常情，你可能会对那个客户心生怨恨，甚至通过压缩投入到该项目的时间和工作量来让你所消耗的成本与所赚的钱成正比。我向每个客户都解释过这一点，他们的回答都是："你说得对。我为什么非要这样对你？为什么我会遭受如此待遇？真是糟糕透了。"

当然，你不会每次都占得先机。肯定会发生由于费用谈不拢导致潜在客户离开的情况。但我已经看到这种情况一次又一次地发生——那些聘请了出价很低的设计师的客户，最终却花费了你给出的费用。结果是什么呢？他们永远不会回到那个向客户虚报低价的人身上，但是他们可能会为了他们的下一个项目来找你——或者将人们介绍给你——因为他们尊重你对他们的诚实。

记住：与其降低你的费用，不如让客户离开。

当你给出的费用合理，并且遵循上一章的指导原则，你甚至会发现错过的客户会回过头来重新找你。

那么，你可以放弃什么？

我知道你在想什么：你想知道协商是为了什么。事实上没有什么是可以放弃的，至少不包括费用。

例如，可报销费用的加价问题。客户经常会拒绝这一项，因为他们不明白为什么你为他们花的钱应该得到15%的回报，比如机票、租车或出租车费用，实地考察项目时在酒店过夜的费用，甚至是打印平面图和效果图的钱。但我向客户解释说，这15%的费用几乎不包括管理这些开销的费用，例如会计的工资以及员工跟踪账单、发送账单和项目跟进花费的时间。设计师的现金支出也会影响公司的税收和保险负担。你必须让客户知道这一点。

如果他们仍然希望削减这些花费，解决方案不是减少你的加价，而是向客户解释他们可以直接地来支付这些费用。例如，客户可以提前支付你的机票和酒店费用，甚至可以支付打印机的费用。如果你的公司从来没有接触到这些费用，你不必收取这笔额外的15%。

除了可报销费用的加价之外，这里还有一些设计师通常认为可以协商的几点，但实际并非如此：

- 现场监工。设计师常常认为他们可以通过减少实地监工和现场交接来降低费用。然而，这是有风险的。因为如果不定期检查，你可能没有办法向承包商或施工队解释你的图纸，丧失对设计和施工的控制权。你承担着最终的责任，你的名字在合同上，所以通过减少去现场的次数来降低费用开销是一个错误的经济决策。你必须要在现场。
- 拍摄权。如果你放弃拍摄项目的权利，同意一个客户的特殊要求，你将无法与其他对你项目感兴趣的潜在客户分享。一个项目是否值得开展最终取决于你。（参见第三章。）
- 文件的所有权。你的图纸的知识产权应当始终是属于你的。这可能看起来不是什么大事，但我可以举出大量的例子，诸如某位建筑师放弃了他的图纸所有权，客户拿走它们，并且建造在建筑物最初设计之外的地方。最终建设失败，建筑师被起诉。

● 基于规模经济的折扣。有时候项目规模非常大，以至于你会遇到供应商在购买材料方面有所节省。但至少在住宅建筑方面不会发生这种情况，除非你的最低建筑成本能达到500万美元。

削减成本

如果你的提案远远超出了客户的预算，那可能是你对他们来说太贵了。但是如果你已经设置了适当的费用，仍然超出许多，那么很可能是客户的预算与项目范围不匹配。如果是这样的话，削减成本的方法不是削减你的费用，而是向客户解释他们可能需要改变想要做的规模、范围或时间表——一个较小的项目，一个不那么豪华的项目，或一个速度较慢、时间更长的项目都可以有较低的预算。有句老话说，客户需要从这三个中挑选出两个：快速、便宜、良好（或者是我通常喜欢说的：时间、价值和质量）。他们可以选择有一个较短的时间周期和良好的价值，但质量会更低；或者他们可以拥有高质量和高价值，但却需要更长时间。如果他们想要短时间和高质量，那么他们就需要牺牲预期的价值。总而言之，鱼和熊掌不可兼得。

最后说明一点：我不建议你一开始提出一个更高的价格——比如建筑成本的18%，这样签单时就可以降到15%，虽然这看起来是一个好策略。如果出价如此之高，客户可能看到其他人出价15%时就直接走开了，而且这也是不诚信的。

关键词

- 从"为什么"开始:"我们建造美丽的作品是因为我们相信我们的设计可以_____。"(例如,一家公司的"为什么"可能是坚信该公司的设计可以"提升人的精神层面",可以根据具体情况填写自己的"为什么"。)

- 当客户想知道他们需要如何参与时:"房子是一种产品,建设家却是一个过程。如果你想要的是一个家而不只是一栋房子,那么你需要参与这个项目。"

- 当进入协议阶段进行谈判时:"让我们先完成这些棘手的事情,签订合同,然后我们就可以自由地进入有趣的部分——设计你的家。"

- 当客户要求减少你的费用时:"为什么你会觉得其他客户是同一个价格而你能获得折扣?如何做到对所有客户保持公平?你当然不希望被我们的办公室同事们当作'特殊客户'对待。"

- 当客户反对材料上的加价时:"你不可能去诺德斯特龙商场,还期望以批发商的价格买到一双鞋。那么你又为什么期望你的设计师能把他从供应商那里得到的批销价格转出去呢?"

- 雇佣一名员工时:"我觉得你比你要求的更值钱,所以我会给你更多,希望你不要辜负我。"

- 在与供应商或分包商谈判时:"我们希望与你们建立长期合作关系,我们期望的回报是你们的最优惠价格和最佳服务。"

- 当对客户说"不"时:"让我告诉你为什么我们不适合您的项目……"如果预算不合适,或者它与设计美学不匹配,或者是项目很合适但你预感结果可能不太好，那就说你太忙了！"我不相信我们能够按照您的预算提供您所希望达到的结果，我们也不想让您失望；您的项目似乎超出了我们的审美范围，我们认为像××这样的设计师会更好地为您服务。"

请记住，"谈单"一词并不意味着妥协，不要像二手车推销员那样，但也不要过于强硬，那意味着对自己价值的肯定和坚定信念。在别人相信你之前，你必须相信你自己和你的才能。在你开始提升自己的才能之前，学习如何了解与你谈判的人，你会引导自己迎来更好的报酬、更好的项目和更好的关系。

谈单中的语言小技巧：

是的 但是

在"**是的**"后使用"**但是**"来否定刚刚呈现给你的想法

是的 而且

在"**是的**"后使用"**而且**"，表示基于刚刚呈现给你的想法之上

The Business of Creativity

2

How to

Build the Right Team

for Success

CHAPTER THREE

第三章

营销人员：
推广你的业务

在本书的前两章中，我讨论了各种谈判和财务的角色和职责，其中有许多工作流程你可以委托给公司的高层人员和其他员工。但是，当谈到营销时，这一章的重点就是你，作为公司的负责人，你必须亲自来主持大局。你可以分配大量任务下去，但是主要的市场营销职能只属于公司的负责人，他也将指派关键的员工参与到营销事务中。在大公司内部，你的委托能力取决于你选择谁做营销员。

虽然雇佣一位营销专家必不可少，但这个人永远不能替代你作为公司的所有者和企业形象的代言人，客户会想见你，同行也想见你，编辑们也需要倾听你的想法。他们都需要你的观点和主张，这是你在公司管理中的重要角色。

==归根结底，你才是兜售你才华的最佳人选。==

什么是营销，它为何如此重要

在我们深入探讨之前，让我们先来看看市场营销的定义，然后再来了解是什么使它对你的公司至关重要（图3.1）。

一般说来，营销就是让你自己走出去，让你自己出名。这能够保证别人在推荐你的时候，提到你、你的公司、你的项目都是第一流的。它包含了你业务中的各种不同要素，比如公司的专业网络和客户关系、你在杂志上的位置、你的网站、社交媒体账户以及你参与的一些展览活动——甚至是你公司办公大厅给人的印象，工作人员接电话的方式等。但这一切都可以归结为一个道理：

酒香也怕巷子深。

成立一家公司意味着需要引进更多重要的项目，但是如果你在寻找合作商或者电话寻找新的资金来源上花费了太多时间，那么你就很难在经营公司的同时做自己喜欢的创造性的工作。之所以要做营销就是要尽量减少洽谈过程中的磕磕碰碰和冷嘲热讽。这样做的目的是让你自己成为所有利益相关者的核心——其他设计师、房地产经纪人、承包商、你生意中的关键合作伙伴，或者其他能给你带来工作的人——从而促使项目开始向你所期待的方向发展。

当然，问题是如何做到这一点。

营销计划大纲

1 理解你的核心：为什么你要做你所做的
2 阐明你的愿景和使命
3 设定目标
    a.1年
    b.2年
    c.5年
    d.10年
4 了解你的客户
5 定义你提供的服务
6 制定公共关系策略
    a.雇佣公关代理
    b.让最感兴趣的员工参与进来
    c.创建或重建网站
    d.制定媒体策略
7 了解你的竞争对手
8 规划业务发展战略
9 确定新的机会/服务/章程
10 预算
11 创建一个时间表
12 评估员工配备需求
13 确定每个目标的冠军
14 制定衡量成功的标准

图3.1　市场营销计划各组成部分的概述

以下是开始思考营销的众多方法之一：在格拉内公司，我们的许多室内设计客户都希望与我们的建筑客户合作。我经常提醒他们，虽然建筑师知道你是谁并熟悉你的网站，但这仅仅是一个开始。

如果你可以发行一本专著，哪怕仅仅是一本漂亮的作品集，放在合作商的办公桌前或会议室里，你可能就比其他人领先了。我曾经不止一次在参加会议时临时被客户要求做一下推荐，然后我说："碰巧我这里有三本作品集。让我们来看看他们是否能够与你产生共鸣。"十有八九，这三个人中会有一个接到电话，然后得到这份工作。这种情况的关键在于，那些设计师不仅努力把他们的作品集寄给我，还让我了解他们的思想和设计理念。市场营销是一项靠关系的工作，这些设计师并不是简单地把他们的作品集丢给我，而是会和我坐在一起解释他们是如何思考、如何合作、如何设计的。所有这些都使我更容易为不同的项目推荐合适的设计师。获得新的工作从你遇到同行的那一刻起就开始了，甚至在你发送项目案例之前。

▲ 软营销与硬营销 ▼

到目前为止，我谈论的都是所谓的"软营销"。软营销就是建立和维持长期的关系：与客户见面，给他们留下深刻印象，然后还要不失时机地"提醒"他们关注你的才华和成功。这在很大程度上是一个被动的、长期的、充满博弈的过程，但有了强大的网络基础作为后盾，就能为你开展工作带来诸多便利。

相比之下，"硬营销"更像是一种专为特定目的而设的业务。它通常表现为时间短、目标明确——有确定的预期薪酬和薪酬种类，然后通过投资项目，以获得签订合同的机会。它涉及更为直接和更为积极的资金投入。

我通常建议我们的客户关注软营销（本章主要是关于软营销）。之所以提出这个建议，一部分是出于软营销不需要那么直接的努力，也因为这是一种更微妙、更开放的自我推销方式，而这种方式在投资上可以产生更大的回报。

但针对某些特定的情况时，仍然需要采用硬营销的方式。当你听说一个项目达到了你的理想薪酬要求（请参阅第74页的"了解你的市场"），或者当你决定转向一类新的工作时，获得业务可能需要更为明确的策略。

例如，我的一位建筑师客户想要扩大他的业务范围，参与更多公共机构的项目，所以他和他的团队强调要参加设计竞赛，为一些主要的大学设计新的建筑。一开始，因为他们缺乏经验，所以他们一次又一次地遭到拒绝。但是，他们把每次提交的设计方案都放进了他们的公共建筑作品集，很快他们就能把各种提案和外观的项目收集在一起，这些都是他们希望接到的新项目种类。提案中的建筑可能从未被建造过，但它们代表了建筑师可以达到的思维和设计高度。这些方案最终使公司拿到了这个领域的第一个项目，而该公司现在也因其公共项目闻名于世。

另一个例子来自我在甘斯勒公司的日子，当时公司上下正齐心协力争取他们首个机场项目，并希望增加更多大型项目以提高公司的知名度和设计技能。为了做到这一点，他们没有肆意宣传已落成的机场项目，也没有简单地回复这类项目的提案请求，或者是将手头的工作与公司以前的项目加以联系。相反，他们聪明地招募了一位顶级的机场设计师，招聘不仅带来了他们所需的经验和专业知识，还带来了赢得项目所需的人脉关系。自从招聘了这位设计师之后，他们几乎在一夜之间就成了合格的机场建筑公司，其后的工作也顺理成章地得以开展。

现在来看一看软营销和硬营销的区别，以及一些相应的活动类型：

软营销	硬营销
建立和维持长期关系	**短期而积极的项目诉求**
确定你欣赏并愿意与之合作的公司或个人	通过与特定的公司或项目类型合作，寻求有助于公司成长的业务
联系你想要合作的公司中认识的人，邀请他们一起用餐，参观他们的项目或工作室	回复RFPs（提案申请）和RFQs（报价申请），以获得在新市场和新型项目中竞争的机会
给新的联系人发送一份你工作的实物展示，可以是一本书或者一本作品集	通过直接打电话或者发送作品集给你最想合作的公司，与之建立联系
加入一些组织，在这些组织里你可能认识你欣赏的志同道合的同行	参加甲方公司组织的活动
与其他专业人士合作，以便与你想要合作的人建立联系	积极主动地寻找你希望开拓的项目，并联系这些项目的关键负责人

硬营销应该做什么和不该做什么

尽管有时候硬营销是必要的，但它可能有让人感到不快和厌恶的风险。方法也存在优劣之分，比如在公司层面上，给别人最糟糕的感觉是咄咄逼人，而在个人层面上则是唠唠叨叨和令人生厌。所以相比之下，最好的硬营销方式是保留软营销的某些策略。

一位零售主管曾告诉我，销售人员最好不要问的问题之一是"需要点什么？"取而代之的是最好先进行一番自我介绍，可以这样说："如果您有什么需要，请告诉我。"或者说："请问我能为您效劳吗？"这个问题为许多潜在的回答打开了大门，让你更难被他人拒绝。"需要点什么？"这个提问容易让顾客产生压力，它意味着客户可能会被引导到一些他们不感兴趣的产品上，而不是通过自己的寻找确定他们自己真正想要的东西。"如果您有什么需要，请告诉我"，这样的话语允许客户四处看看，然后主动提出自己的疑问。当客户有需要，或想知道更多信息的时候会自己提问，但是，如果你假定你可以帮助别人，并且显露出这一点，他们可能会拒绝你，因为他们认为你只是为了赚钱而这样做，并不是关心你的工作。

这些都说明，即使是硬营销，也可以在建立关系的基础上以一种更温和的方式开展，即便你是在争取一个特定的项目——就像上文提到的我的客户拓展公共项目业务和甘斯勒的机场业务一样。

相对于个人来说，面对面交流的情况亦是如此。最近我和两个客户一起参加了一个活动,其中一位是全国知名的建筑师,是所有人都想与之合作的对象,另一位是室内设计师,不仅有着强大的商业意识,还在当地市场有着很好的业绩,给客户的印象也是非常有实力的。当他们在活动上碰面时,不出所料,室内设计师对建筑师说:"我非常期待能和您一起合作。请您给我一个加入您项目的合作机会。"你认为建筑师对此会作何种反应?"我也很想看看你的作品,到时可以给我打电话。"但其实他的话多少有点敷衍的意味,因为在室内设计师卖力地自我推销之后,建筑师实际不太会考虑与之合作。她需要表达的应该是对建筑师作品的喜爱,以及为什么她会产生这样的兴趣。

后来,当我和室内设计师单独相处时,我给了她一些建议,告诉她应该换一种方式跟建筑师谈话,"他已经认识你了,所以你不必那样跟他说话。"她之前的谈话内容暗示了她和那位建筑师之间并非一种平等对话的关系,所以我继续对她说:"你最好是说,'我希望下次在纽约的时候能给您亲自看一下我的作品,我想你会很高兴的。'这时候他自然会说'当然可以'。"

"我只是想从你那里得到一个项目"相当于"需要点什么"。这种谈话方式完全不可取。因为这就好比是把室内设计师变成了一个饥肠辘辘的猎手,并且把建筑师变成了他的猎物。

严酷的市场营销环境下,你不能表现得很绝望,更不能表现得好像一直在恭维他人。相反你要做你自己,要善解人意,要有思想,让谈话过程表现得自然。然后表达你对他人作品的欣赏,且与你的想法一致,接着友好地向他发送你的作品集或者书。这说明你对对方的工作很熟悉,同时也介绍了你想要一起共事的想法,也就增加了这个人与你接触并最终考虑合作的机会。

想想看,如果我的室内设计师客户说:"自从我们上次见面之后,我就一直想告诉你，我十分欣赏你书中的室内项目对于希腊古典风格的复兴，它看起来很逼真，但放在时下也相当适用。我很想知道你是如何想到这个设计的，因为我正在为我最喜欢的客户设计一套类似的房子，我认为你也会对这个项目感兴趣。"

营销与公关

没有哪家公司的营销工作能离开公关，但公关只是营销的一部分。公关就是你对媒体做的营销，让公司面对编辑、作家和博客作者。（就像所有的营销活动一样，无论你的公关是公司内部人员还是与其他机构合作，你都要亲自指导。这一点很重要，并且对今后的影响更甚。）

公关与营销的不同之处在于，公关是将你的作品向世界展示的**对外过程**，而营销则倾向于一种**内在推动**，它是由公司驱动，并针对更具体的受众，比如你的同行、合作者及新老客户。**公关的另一个主要特征是，它通常负责宣传已完成的项目，而营销则是在寻找新的项目。**

谁来做营销？

如果你从本章中只能学到一件事，它应该是这样的：

你的每一位员工——不管是收发室的还是高级办公室的员工，都是你营销团队的一员。

是的，你可以雇佣一个人甚至好几个人来承担特定的市场营销职责，但是你能做的最好的事情就是分担责任并赋予每个人权力，他们能为你开拓源源不断的新生意。相信我，这是可行的。我就是鲜活的例子。

我二十岁出头的时候开始在甘斯勒公司工作，管理收发室。当时我在收发室的工资不足以支付我住在旧金山的费用，所以我只能从伯克利的公寓乘公共汽车到旧金山。有一天乘坐公共汽车时，我和我身旁的女士交谈起来，她问我说："你是做什么工作的？"当我告诉她我为甘斯勒工作时，她说："我知道甘斯勒公司，你们赞助了PBS的大型剧院。"不过，她对甘斯勒的了解也仅限于此，因此她让我告诉她更多信息。我带着我22岁时的自信和职责解释说："我们主要从事公司办公室和律师事务所的室内项目，以及一些建筑项目。"碰巧的是，她是旧金山一家很大的律师事务所合伙人的助理，她告诉我，目前他们办公室的租约刚好到期，正在寻找新的驻地，同时也需要招募一位建筑师。

"你有名片吗？"她问。

而我有。

因为在甘斯勒，每个人都有名片，甚至是收发室的员工。

我递给她我的名片并告诉她："虽然我不是您这个项目的负责人，但我很乐意为您做引荐服务。"随后，这家律师事务所最终雇用了我们，得到这个项目仅仅是因为我们偶然都乘坐了公共汽车，外加交换了一张名片。（我有太多类似的飞机旅行、杂货店排队和鸡尾酒会的故事。）

当然这只是故事的一部分，不仅仅是因为甘斯勒最终赢得了生意。获得项目还需要我为自己工作的地方感到自豪，能够对公司侃侃而谈，知道我对营销做出的这些努力和贡献并不会被忽视，并将营销视为我工作的一部分。甘斯勒公司的文化满足了这一系列的要求。

每当我讲述这个故事时，人们都会问我在这个行业得到了什么，我会说："我必须想方设法保住我的饭碗。"我知道这听起来似乎是个笑话，但这是真的。在甘斯勒，他们都期待着这种机遇，这就是为什么每个人都有一张名片。

公司里的每个人都能获得充分信任：每周五，公司的负责人亚瑟·甘斯勒都会举行一次员工会议，在会上他会宣布谁拿到了项目。我还记得那天下午，他向所有公司员工宣布我带来了那个律师事务所的项目，大家都说："那不是收发室的伙计吗？"他的认可让我感到骄傲，而他也把我从人群中挑选出来，让其他员工注意到我，以此来思考他们能做些什么以带来项目，毕竟一个收发室的人都能做到。

那么，我真的以为除了保住我的工作之外，律师事务所的项目没带给我其他帮助吗？当然不是。相比别人，也许我得到了更多的奖金，被提升的速度也比别人快很多。但对于亚瑟来说，每一位员工都会努力带来业务，因为他们都明白这会以某种方式得到回报。从那时起，我就一直在练习传授给客户类似的策略。

> "如果你在做生意，而设计项目、推销公司和与客户互动方面没有盟友，你就无法成长。"
>
> 奥斯卡·沙玛米安
> （Oscar Shamamian）

让团队中的每个人都能成为营销员的5种方法

1. 灌输自豪感。

让人们为你工作感到骄傲的部分原因是获得了高薪酬,这些薪酬能够带来对外吹嘘的资本。但同样重要的是创造一个富有活力、公平、开放的办公室文化氛围,每个人都有发言权,并且有创造性的贡献。(请参阅下一章中有关办公室文化的更多内容。)

2. 授权参与。

给每个员工分发名片,并鼓励他们讨论公司和同事或者与此相关的任何人。确保你的全体员工都知道公司目前正在处理的各种项目,这样他们不仅可以通晓自己手头的工作,而且还可以谈论其他同事的工作。

3. 鼓励社交。

让你的团队花时间参加相关会议和行业活动,让他们能够与同行和以前的同学保持联系。鼓励他们涉足新的社交网络,并加入专业的组织来扩大他们自己以及公司的影响力。

4. 给予赞扬。

正如创始人亚瑟·甘斯勒在每周例会中所做的那样,你应该公开感谢那些负责引进新项目的人。这样能够清楚地表明,每一个为你工作的人在维护公司的发展和财务秩序上都能发挥作用。同样有必要感谢每一个正在工作的人。我们习惯性地把荣誉归到首席设计师身上,但如果有机会,应该赞扬所有为之工作的人。

5.奖励成功。

明确表示帮助公司取得进步的员工会得到哪些奖励:年终奖金、利润提成、更优厚的加薪、更快的升职,甚至可能得到上述所有奖励。让员工们知道这是个只要他们努力工作就会有奖励的地方。

特定的营销角色

在你的领导下,你的团队中的每一个人都被赋予了一定的营销和公关的权力,这样一来,中小型的公司将不需要太多的员工来专门从事市场营销和公关工作。

如果你希望有人来执行与新业务相关的管理工作,那么可能需要雇佣一两名市场营销协调人员。他们可以通过跟进提案和报价(RFPs 和 RFQs)来支持你的工作;将定制的营销方案发送给建筑师、室内设计师、房地产经纪人和承包商;维护和更新公司网站,报告关于流量、点击量和用户在网站上花费时间的有用分析。你的市场协调员可以对媒体的初步咨询做出回应,而最终你将成为编辑和作家追随的人。如果他们能被培训成用你的想法和观点投递邮件的习惯,甚至还可以帮助处理你的社交媒体账户。

你有责任积极主动地和媒体联系，特别是与最知名、最有影响力的杂志编辑（参见本章后面的"媒体平台"一节）。他们得知道你是谁，这样你的宣传方式才是最高效的。

至于引进外部公关，即使是我最成功的设计师客户，通常也不会与中介合作，除非他们有自己真正想推广的产品或其他特定的东西。如果你真的聘请了一家公关公司来向杂志编辑宣传你，大多数编辑只会找作为设计师的你本人交谈。所以，即使你有一个代理机构，也不能让你脱身，你仍然需要去了解编辑，与他建立良好的关系，确保他们看到你的最新项目。

了解你的市场

吸引新商机的两个最重要但却往往容易被忽视的策略是确定目标市场，然后把精力集中在这个市场的客户身上。虽然这需要前期投入时间和精力，并不断地自我反省，但这都是值得的。

在我们这个行业中，有太多的人认为他们的下一个项目永远不会出现，所以他们不会拒绝任何项目。结果，他们从事的是他们必须接受的项目而不是他们真正想要的项目。

我要求我的客户做的第一件事就是找出一个项目最有吸引力的十大要素。这些要素多种多样，可以是客户的友好态度和良好的教育背景，或者良好的资金条件，又或是能够允许公司进入一种新的项目领域。

让我们来具体看看一家建筑公司的标准：

- 友善的人（这不需要多作解释）。
- 该项目能推动公司向前发展。
- 该项目能使我们完成高质量的工作。
- 客户曾受到良好的教育，尊重他人。他们对项目充满热情，也明白我们是专家，不会过多干涉项目进程。
- 客户应该有一个愿景或至少一个方向是我们可以帮助其明确表达的。
- 项目的预算是恰当的。
- 我们将有机会召集合适的团队（其中包括室内设计师、承包商、景观设计师等）。
- 这个项目在其他方面也有意义，而不仅仅只是一项工作。

这些标准可以帮助你得到你想要的项目并让你远离不想要的。反过来，也让你知道什么时候对正确的项目说"是"，更重要的是，让你知道什么时候拒绝对你来说不适合的项目（图3.2）。

一旦你有了这个列表，就可以根据这些标准来考察任何潜在的项目。如果它在十条标准中符合八条或更多的标准，那么答案毫无疑问就是可以；如果是四条或更少，那么肯定不行。如果它成功地达到了其中的五到七条，

> "人们犯的最大错误是，在花钱做营销之前，没有弄清楚自己想要吸引什么样的客户。"
>
> **梅格·托博瑞格**
> （Meg Touborg）

标准	理想的客户				
	斯通	托普	瓦斯卡兹	奥尔森	索恩-沃尔什
客户受过良好教育并理解这个过程	√	√	√	√	
客户很受人尊重		√	√		
客户对这个项目充满热情	√		√	√	√
预算适合于项目的范围	√	√	√	√	√
我们会为我们的工作感到自豪	√	√	√	√	√
项目会引起我们的兴趣	√		√	√	
客户有自己的愿景		√	√	√	√
项目将推动公司向前发展					

图 3.2　理想客户的标准

就需要评估哪些标准是最重要的。也许它满足的六条标准正是你目前最关心的，那就尽力去争取它。

一旦你开始用这些标准来审视新的商业机会，你就会发现引入你真正想要做的项目变得更容易了。首先，你能够更有效地集中于你的营销目标。其次，随着每一个符合八条或更多标准的项目落成，你会更加容易地吸引那些与你的愿景相一致的客户，你的名字自然会被那些你想要的客户以及志同道合的人注意到。

结交新客户，留住老客户

永远记住，并非所有的新业务都来自新客户。

多年来在行业中惯行的一个经验是，85%的工作都是来自老客户的业务。

这并不意味着所有客户都会回到你这里来做其他的项目。当然，这种情况发生的概率还是极高的——我把这类客户称为"回头客户"——但更为常见的是，他们是以前客户的朋友，或是以前与你合作过的同行推荐的。就我们的目的而言，"回头业务"是指你不需要花费大量精力，甚至可能根本不需要花费精力的事情。相反，这一切都取决于你投入了什么——所有软营销的努力，以及你过去的项目建立起来的良好基础。

这85%的客户不需要你再费口舌做过多介绍，他们已经熟悉你本人和你的业务，已经准备好或即将准备好与你签订合同。

然而，当谈到赢得那额外15%的客户时，面对这些全新的客户，你就需要花费更多的时间、工作和精力来树立自己的信誉。如果你不遗余力地联系这15%的客户，那么你将没有时间为现存客户进行实际的设计工作，所以要把它控制在你业务中的一小部分。不论是哪种情况，这项工作并不仅仅是因为你能够胜任，而更多的是取决于你与客户之间的联系。如果你没有赢得新客户的信任，通常说来这与你的资历无关，而是取决于你与客户之间的默契程度，以及你在和他们交流的过程中的互动方式。

︿ 新老客户的区别 ﹀

任务	回头客户	新客户
与客户会面	客户已经了解你和你的工作了。销售可能被弱化了，你要让客户认同你的设计项目	你需要推销自己，证明自己。因为客户不知道你是谁，也不了解你的工作。你必须假设客户有其他几个备选设计师，包括那些可能更有能力为他们工作的人
介绍你的工作	客户非常熟悉你的工作，甚至在过去曾与你一起工作过。项目提案应该首要展示你的最新项目以及公司是如何发展的，然后才是你以前为客户做的相关工作	你需要把你最好的一面展示出来，同时展示你最令人印象深刻的相关工作、出版物以及奖项，让潜在的客户相信你的技能
建立关系	这种关系已经建立起来了	你需要向客户展示与你和你的团队一起合作的感觉，给他们一个真实的、可信的、有特色的过程展示
建立信任	信任已经建立	在你开始介绍项目之前，仔细听一听，问一些有见地的、开放式的问题，一定要知道客户想要什么，以了解客户的总体情况和具体的项目。这样你就可以根据客户的需要决定你的设计方向
跟进	发一封感谢信，表达你与客户一起工作的美好期望，以及你对即将到来的合作的期待	发送一份感谢客户的短信，并提出后续的问题。为了表明你的诚意，选择客户在会面时特别提到的一些问题并详细说明

为你现有的客户提供服务很重要，因为他们占据着你85%的业务量。这也是为什么客户维护、客户服务和沟通至关重要的原因。

记住：仅仅因为你有一个客户并不意味着你会一直留住这个客户。对于培养新客户而言，带来项目的艺术就在于既要照顾现有客户，又要寻找新客户。

设计行业是一项依赖于关系的行业，这意味着在项目完成的过程中需要与你的客户保持联系，并关注他们的要求。回到连续建设的想法上来，这些赞助商客户来找你先是为了他们的住宅，然后是为了夏季避暑别墅，接着是他们的第三所和第四所房子，他们的船，还有喷气式飞机。几十年来，我的客户一直与这些赞助人中的一些合作，这些合同使他们得以继续经营。但即使这样，事情也不会总是恒定不变的，即使是那些长期的客户，也需要不断地培养。

我认识一位建筑师，他曾和一个相当富有的客户社群合作了几十年，他帮富豪们设计豪宅。有一天，富豪赚了一大笔钱，就选择了另一个更著名的设计师而放弃了他。也许他们只是想炫耀一下自己的权利，他们告诉了自己的前任建筑师——其实前任建筑师的作品也在不断提升，但富豪觉得他一直在为他们做同样的事情，现在想和一个能把事情做得更进一步的人合作。

对于这位建筑师来说，这

> "最好的客户是那些真正投入的人。他们绝不会干扰你的工作，但他们真的很投入。"
>
> 内维尔·特纳
> （Newell Turner）

个消息来得太突然了。但如果一段关系恶化，通常就会显露出迹象，而且其中必有缘由。也许客户和建筑师都认为存在这种关系是理所当然的，无论你与多么熟悉的人相处，你们之间的关系仍需不断地增进。你必须与对方保持一致，才能使关系更好地发展。在上面的示例中，这很可能是由于建筑师无法看到一些关系变坏的警示信号，并认为与熟悉的人和谐相处的这种关系是理所当然的，从而导致了他与那些富豪雇主关系的破裂。建筑师可以在设计上给客户提供多样性的选择，也可以在某一项目结束或开始新项目之前向他们征求反馈，这就更能满足客户的需求。建筑师本可以确保客户了解到他的成长和其他获奖的情况，而客户可以表达他们的审美要求，以及他们希望建筑师尝试一些不同的东西，给予建筑师足够的重视和评价，让建筑师有机会向他们展示新东西。

==设计师和客户之间的关系与任何其他关系一样，都需要经营，在轻松、开放的情境下才能维持长久的发展。==

▲ 建立属于你的社群 ▼

除了新旧客户之外，你需要特别关注当前的和潜在的合作伙伴，你和同行之间关系的重要性再怎么强调都不为过。如果你能让你的同行们记住你，那么你将从他们那里获得项目，反过来他们也会从你这里获得项目。

正如本章前面所讨论的那样，要让自己成为别人头脑中第一个想到的人，并保持在那个位置，很大一部分取决于你有没有一些制作精美、容易获得的资料。即使在我们这个越来越数字化的时代，这些资料也应该以实物的形式存在。建立一个网站固然很好，但仍然需要先让客户记住你是谁，网站才能更好地被访问。放在会议室的桌子或架子上的书和作品集会不断引起别人的关注，尤其是和客户开会的时候，总会提醒客户，你就在那里。

但这些实物资料只是冰山一角。还有更多有组织的交流形式，例如：加入专业组织，参加会议和其他活动，参与公益演出、顾问委员会等。

然而，无论采取什么形式，都需要用你的胸怀与气度去建立和培养良好的同行关系。

当我四年前创办设计领导力峰会，以及在那之前的七年创办设计领导力网络时，我们的目标是为创意企业的经营者提供多方面的资源，并为共享信息和实践创建论坛。然而，许多人认为，我们所计划的组织和会议是行不通的。"在这个行业里，竞争很激烈，所有人都在竞争同一个项目"，有人如是说。"他们会聚在一起，彼此融洽相处，共享资源吗？拜托！"

但我相信，在深层次上，大家不仅是希望，也的确需要相互谈论如何经营自己的企业。你知道吗？一旦开始开会，大家会在进会议室前自我反省，以一种连我都感到惊讶的慷慨精神，真诚地向大家分享他们的业务。

现在，设计领导力峰会已经成了一个组织，不仅是为了信息共享，也是为了建立社群，最终他们还会分享项目。对于其成员和更广泛的行业来说，峰会已经成为一种在整个行业中传达优秀设计价值的方式。

人们在峰会上认识了彼此之后，志趣相投的人会给对方打电话说："看啊，我真的忙得不可开交。有个项目我需要转给别人来做，你有兴趣吗？"或者一位建筑师会在柏林会议上给她喜欢的设计师发电子邮件说："我一直在关注你的作品，我想我们能在我刚刚得到的一个项目上愉快合作。"又或者一位设计师正在寻找一个照明供应商，虽然有很多种可能性，但也许她会把合同交给她在一次会议上遇到的人，因为那里让人感到熟悉和忠诚。

我可以给设计师讲述无数这样的工作故事，因为通过这些社群和其他类似的组织让他们找到了属于自己的工作方式。（在我的第一本书《设计是门好生意：创意天分与商业智慧的平衡之道》中，我推荐了一些很好的组织。）

==你建立的专业社群加强了你的实践。它让你接触到全国和世界各地的志同道合的人，它允许你和志同道合的同行分享你的工作。最终，它会为你的公司带来新的资源和工作。==

社群之外

人际网络包括你以前建立过的其他群体——同学、队友、朋友、家人以及你出于个人或职业原因组成的群体。

当我还在甘斯勒公司的时候，他们做得最成功的事情之一，就是让那些对其他行业感兴趣的人加入相应领域的非营利委员会。公司让我加入旧金山一幕剧院（One Act Theatre）的委员会。我对戏剧很感兴趣，但是我在舞台表演上甚至在戏剧管理方面完全没有天赋和经验。起初，我不知道我能给委员会带来什么。然而很快就有了答案，剧院可以很好地利用我对预算编制和财务监督的技能，我的同事们很高兴有我在身边。

在我任职一年后，剧院主任宣布我们的租约过期了，需要搬家。"有人认识建筑师吗？"他问。

而我刚好在那里，很快地，甘斯勒就在为旧金山一幕剧院进行设计了。

当你让员工进入其他的委员会时，也就让你的团队成员接触到了另一个领域，让他们了解你的工作，同时帮助了一个值得帮助的非营利组织。这样就让其他人了解到你的公司和业务，而这些人你自己可能不会遇到。新业务的潜力不仅在于非营利组织，还在于委员会成员，以及他们的朋友、家人和同事。

加入这些委员会，是因为他们管理着你认为做得很好的组织，你应该留下来，因为你永远不知道接下来会发生什么。你听到的下一件事情可能是"我有一套房子……"，"我妈妈有一套公寓……"或者"我的老板想在这个国家投资一个新的场地……"。

媒体平台

不久前，获得媒体曝光率只不过意味着让你自己和你的项目出现在杂志和报纸上，或者在当地市场购买广告位。当然，今天的媒体格局已经完全改变，变得越来越复杂，越来越快，并且这个趋势已经不可逆转。这可能是好消息也可能是坏消息。

更多的媒体渠道意味着你的作品可以被展示在更多地方，包括线上或线下的杂志上，博客、网站和社交媒体上等。在这些平台上，特别是你自己的网站和你的社交媒体账户上,虽然你不知道是谁在接收讯息,但你仍然可以控制信息的传递。

如今,你比以往任何时候都更容易展现出自己想要的样子,而且可以迅速、直接和全面地展示自己。然而,这种曝光带来的另一面也可能是过度的。怎样才能让自己既成为《建筑文摘》杂志和社交媒体上的宠儿,而同时又不被人说:"噢,怎么又是她?"

答案在于,你的做法要有一定的策略性,应当谨慎而又周到,并且牢记你要联系的客户、同行和其他社群关系。

让我们来看看当前的媒体环境:从你最没有控制权的平台开始,以我们的方式找到那些给你最大话语权的平台。

▲ 线上和线下的编辑机构 ▼

传统印刷的杂志可能是近年来变化最小的,即使现在的出版机构都有自己的网站和社交媒体账号——这对你来说是件好事,因为他们每天都会发20多篇新文章,而他们需要文章的内容。

在美国,《建筑文摘》(Architectural Digest)和《家居廊》(Elle Decor)仍然是全国发行的室内装潢杂志的佼佼者,另外还有《美丽家居》(House Beautiful)、《游廊》(Veranda)、《室内设计》(Interior Design)、《莱斯》(Luxe)与《花园》(Cottages & Gardens)等杂志,设计行业的人士和普通大众都会读到。虽然这些杂志最有可能将读者变成客户,但也不要忘了一些顶级时尚、奢侈品和生活方式类的杂志——从《时尚》(*Vogue*)、《华尔街日报》、《城里城外》(*Town & Country*)、《罗博报告》(*Robb Report*)到《启程》(*Departures*)等，都有可能影响到不同的受众。

如果你最初没有荣登全国一流的设计杂志，接下来最好的选择便是当地的出版物。它们中有许多是客户仰赖的信息来源，并且其受众具有针对性，在你的市场中有一定的影响力。

你进入上述任何一本杂志，都是为了引起主编们的注意，并与他们建立联系。他们仍然是所有文章的负责人。这就是为什么你必须亲自处理和他们的互动以及大部分的推广活动——因为他们希望并且需要亲自认识你。也许一开始，你会在讲述一个设计趋势时被引用到，或者出现在前言部分的一个小故事里，然后会有一个专题报道。要想在一流杂志中获得显著位置，最好的方法是先登上一个当地的杂志，再到一个较大地区的杂志，然后到一个小型的国家出版物，最后才是《建筑文摘》和《家居廊》。

我的一个客户，亚特兰大的苏珊娜·卡斯勒（Suzanne Kasler）就是这样做的。她的一位拥护者，在《南方腔调》(*Southern Accents*)上发表了她的几个项目。《家居廊》杂志因此邀请她在纽约举办的年度"小居室装修设计"展览中创建一个小空间。此后，《家居廊》陆续刊登了她的作品。很快，她便可以在几本全国性的杂志上发表自己的观点，这也促使她有了与《建筑文摘》的常务主编佩奇·伦斯（Paige Rense）的会面，并将她带入了该杂志的圈子。随后，该杂志的现任主编，也就是《家居廊》的前任编辑玛格丽特·拉塞尔（Margaret Russell）将她列入了《建筑文摘》的"AD100"年度设计思想领袖名单。

设计师们经常问我，他们是否应该参加展览——这是否能带来足够的业务，值得他们花费时间、精力和金钱，恐怕答案通常都是"并非这样"。一个展览空间可以让你得到业内人士的认可，但它很少能直接吸引到客户。然而，当一个展览空间被一本杂志刊载，它就会拥有更大的力量——就如同卡斯勒的例子。这不仅对即时公关有利，而且当你被某家杂志邀请参加一个没你的项目的展览时，你还可以随机地参与进去。

一个设计项目出现在杂志的长篇专题中的原因可能有千万种，同样，它闻名于世的方式也不一而足。有时是因为一个与杂志有合作的摄影师把项目照片提交给了编辑；有时是因为这个项目的客户很著名，引起了出版方的兴趣。又或者，这个项目的某个独特元素很适合杂志的选题定位。通常一本杂志刊载有关于设计师自宅的文章时就是基于这样的情况，我的许多客户都是因为他们自己的房子太引人注目而被刊登了。

下面列出了一系列刊载的关键步骤，以及应当避免的弯路。

● 有漂亮的图片。通常人们认为随手的拍摄是可以接受的。但如果它不够专业，不能传达出你项目的魅力之处，这个项目可能会因为缺乏特点而被拒绝。要确保以最好的方式展示这个项目。

● 始终保留独家性。如果在另一家杂志或者报刊上出现了一条与你的项目有关的信息，可能导致你错失发表的机会。如果你打算发布一个项目，请将所有图像保密，直到你准备提交它们审核。这点也适用于博客，甚至你自己的或客户的网站。事先与客户协商好，如果他们从一开始就了解你的出版目标，他们可以帮助你保护项目，完成摄影，远离公众的视线，直到它被发布。

● 使用最好的人脉和渠道来展示你的作品。你可以通过与编辑、作家或者杂志摄影师的私人关系来帮助你的项目进入合适的杂志。你可能不是那么了解编辑，但是你需要亲自展示你的工作，自己介绍项目会有很大帮助。

- 研究设计杂志，了解一个项目适合哪一种杂志，每次只给一家杂志社投稿。如果你有一个适合《家居廊》杂志的项目，那么就只投给《家居廊》。如果你有一个适合《美丽家居》杂志的项目，就只投给《美丽家居》杂志。如果你随随便便就提交一个项目，会让编辑感到沮丧，让他们觉得你并不了解他们的杂志。根据某一特定杂志定制你的投稿会让出版物及其编辑觉得你在关注和尊重他们。

此外，如果你向多家杂志投稿，其中两家选择你，最终没得到你项目的杂志会和你结束合作关系，各种问题就会随之而来。你最不应该做的事情就是向愿意出版你作品的人冠冕堂皇地编造一个故事。诚信非常重要。

- 列出最适合项目的出版物并排序，依次提交项目。这份清单将帮助你了解项目应该被放在什么地方。这个地方可能会给你带来惊喜，它可能会帮你意识到，在地方出版物中发表比在全国性刊物上发表更有效。

- 附上一张便条。在与编辑见面之后，或者有人代表你提交一个项目之后，再附上一张便条，以表达你对推荐的感激。

设计师们最大的挫折之一是没能征得客户的同意，他们的作品无法发表。获得客户的信任，这是你与客户一开始就应该建立起的关系，在建立信任之后，你才可以在合同中与客户进行协商。通常，名人不希望他们的房子被公开，因为他们不希望个人隐私受到损害。而其他一些私人的客户可能只是不希望他们的项目被曝光。这显然意味着你的工作不能被很多人看到。但请记住，这些知名的客户有能力而且也愿意把你推荐给和他们同样知名的朋友。作为另一种选择，你可以问他们是否同意出版，只要他们的名字不出现，又或者他们是否介意把房子的信息发布在一本书上，而不是在杂志上。

然而，这有用吗？

出版看起来好像是将工作变得更繁杂了，因此有人对出版的效用性产生了质疑。我的一些客户觉得，出版从来没有为他们带来过一笔佣金。同时，我的另外一些客户遇到过陌生人拿着一本一年前的杂志到访他们的办公室，因为上面刊登了他们的一个项目。

不管以哪种方式让你的作品展示出来，尤其是在顶级的全国性或本地商店中被看到，至少是一个确保人们能看到你的作品并知道你名字的可靠办法。与15%的为你带来新业务的客户建立起信任有很长的路要走，与此同时，不妨给现有的客户一些值得夸耀的东西——"你在《美丽家居》上看到我的设计师了吗？"在这个行业与你的同行中，这是一张重要的名片。

社交媒体的挑战——它的确是个挑战

最近，在媒体格局发生变化的所有方式中，社交媒体——尤其是拼趣（Pinterest）、脸书（Facebook）、Houzz、推特（Twitter），以及比其他更甚的照片墙（Instagram）——带来了极大的混乱，我认为这在大多数情况下是好的，偶尔也会更糟（图3.3）。

图 3.3a 照片墙上的 DesignersAxis

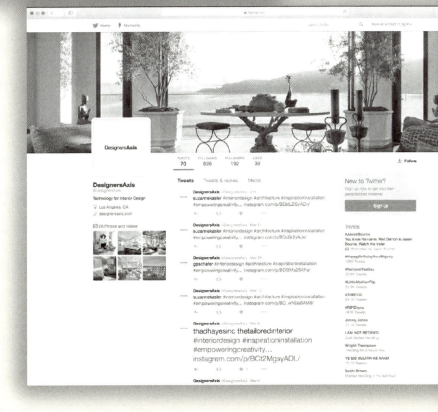

图 3.3b 推特上的 DesignersAxis

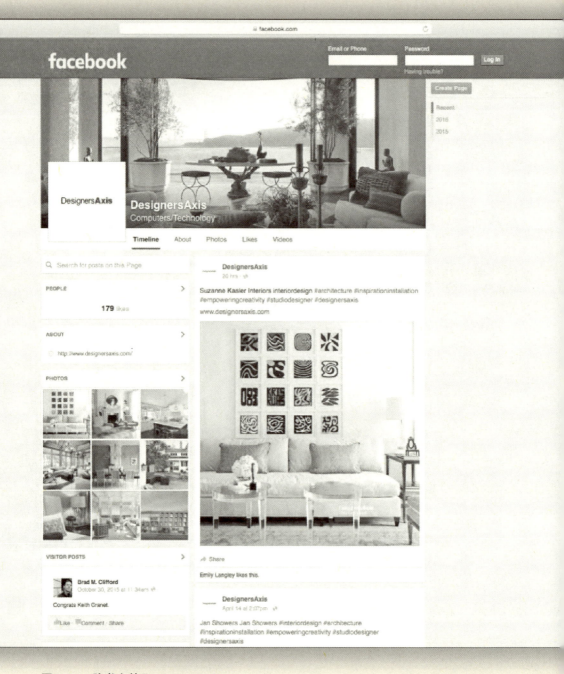

图 3.3c 脸书上的 DesignersAxis

之所以说它是好的，是因为它让你有机会从头开始建立一个新的受众群，同时以一种视觉的、交互的、动态的方式与客户或同事交流。

社交软件让你拥有一种自主的交际权力。你发布的内容由你来决定，你还可以对你发布的内容设置浏览的权限。但是，即使有最严格的隐私控制，你也应该假设你发布的任何东西都可以、并且将被任何人、在任何地方看到。它将被重新编辑，重新发布，重新推送到每一个角落。这是社交软件作为一把双刃剑的体现，同时也说明了战略布局和持续发展的重要性。这些东西是你在使用社交媒介去传达你的想法时需要明白与注意的。

你在社交媒体上发布的每一篇文章都应当是你希望被别人看到的样子，这样，不管它最终出现在哪里，无论谁看到它，传递出的都是关于你和你公司的积极信息。

在格拉内联合公司，我们有一个高端客户——威廉·赫夫纳（William Hefner）工作室，他们的作品是Houzz上最受欢迎的厨房之一。这家工作室凭借一张照片的优势，获得了超过500万美元的项目奖励。他们不擅长在社交媒体上露面，但他们也明白在社交媒体上的重要性。他们的作品让人感到惊羡，并用一张照片完美地展示出来。在他们把照片发布到数字世界中之前，就已经得到了很好的反馈，而互联网也因此给予他们丰厚的回报。

设计师凯莉·肯布尔（Celerie Kemble）是我所有的客户中比较受欢迎的。这不仅是因为她很上镜或者作品很漂亮，也是因为她自己在社交平台上的表现非常有智慧。她借助一些有影响力的朋友，建立了强大的社交媒体影响力，并发布了许多关于她个人和生活方式的故事，就像她发布她的工作内容那样。她在媒体上展现出了多姿多彩的自己，这激发了粉丝们的幻想，许多新项目的咨询电话也因此络绎不绝。

这种社交媒体策略潜在的负面影响是可能过度曝光你的生活，消耗你的工作。如果在一个月的时间里，你在高档餐厅吃过的每一顿饭、你乘坐的每一架私人飞机都发布出来，而所有关于设计的图片都不是你自己的，你很快就会发现观众已经将你拒之门外。这样一来不仅失去了老粉丝，也没能吸引到新的客户。

分享任何消息的关键是真实性。即使你对好的作品很有眼光，展示太多别人的项目也不是一个有效的策略。用你最欣赏的人的作品来点缀你的文章是完全没问题的，但别总是这样，也不要让人误解它是你创作的。应该诚信的地方一定要守信。

六个顶级的照片墙（Instagram）策略

1. 相机为王。

只发布完美的照片。你是在为一群高度视觉化、鉴别力出众的人服务。成败皆在于有没有绝佳的照片。这不仅仅关乎构图、风格和灯光，也关乎滤镜。

2. 保持真实。

找到你在社交媒体上的真实声音，并坚持下去。确保它和你在社交媒体之外的形象相匹配，例如你的故事、作品和你的公司文化。社交媒体很容易伪装。如果你擅长伪装，你可以骗过很多人。但如果你缺乏真实性，当客户雇佣你的时候，很有可能会因为伪装败露而失败。

3.实景展示很重要。

在场景里面展示室内作品，全方位的感知是未来趋势。我现在是一家名为DesignersAxis的软件公司的主要所有者之一，拼趣的一位最初投资者也是我们的董事会成员。她向我指出，拼趣成功的一个重要原因是，越来越多的人在基于插图购物，而不是基于像目录一样的剪影。漂亮房子的美丽图片才是人们需要的。他们想的是"我该怎么把我的房间变成那个房间？"人们从已经完工的室内图片中获得灵感是有道理的，因为设计更多的是整体而不是部分。如果你有已完成项目的高质量图像（或者在系列产品中，照片展示出的作品就像在现实生活中可能看到的那样），人们就会牢牢记住这一点，梦想着这些东西，直到他们买得起为止。

4.一致性是关键。

坚持大部分的分享是设计作品——你自己的，或者你所崇拜的人的——是成功积攒粉丝的关键。虽然有了这么一个地方可以发布奇怪的旅行、食物或其他生活方式的照片，甚至是自拍（照片墙上喜欢发布自拍作品），但这些都会稀释掉你的客户，进而冲淡你的品牌。如果除了你自己之外，你的公司里还有很多人在发帖子——你的商业伙伴、市场助理等——要确保在观点、照片内容和审美感上都是一致的。当涉及如何写标题、话题标签以及文章的更新频率和时间时，一致性是一个主要的考虑因素。在一周中固定的某一天或者每一天的同一时间发帖会制造出一种期待，如果内容足够吸引人，你就会吸引忠实的追随者和忠实的读者。

5.建立自己的网络。

借助现实生活中现有的人际关系——同行、客户、出版社,尤其是那些拥有大量粉丝的人——建立自己的网络体系。

6.细节,细节,细节。

对每一张图片都要小心处理,因为细节决定成败。

你的网页

网站的设计和制作是非常重要的,因为人们有可能会首先通过网站去了解该公司(图3.4)。设计公司的网站之所以成功,部分原因是其经过了多年的发展——如今,视频的使用越来越频繁,现在必须对网站进行优化,使它们在不改变内容的情况下,在移动设备的小屏幕和笔记本电脑或台式电脑上看起来一样好——而有些东西始终是一致的。下面是制作网站的一些建议。

- 一个网站要干净、清晰、简洁。
- 导航明了,易于操作。
- 信息可视化。
- 使用易于浏览的滚动长页面,可以同时发现很多内容——就像照片墙的订阅一样——而不是必须通过点击才能进入的单独页面。
- 不要过度展示你自己。如果你认为有太多的图像需要展示,它们其实已经远远多于你需要展示的。访问你网站的人都在关注你的想法,设计风格以及你的特别之处。你可以通过一些项目的有限数量的漂亮图片,加上简短的文字来进行展示。

图 **3.4a** 干净、时尚,有大幅的图像

图 3.4b 网页很简单,但是图像丰富

图 **3.4c** 导航方便，有很多漂亮的图片

图 3.4d 完美展现了大幅画质,导航清晰明了

图 **3.4e**　视频是人们未来接收消息的趋势。McAlpine 的网站在传达公司的愿景和激情方面做得非常出色

所有这些要点都回到了一件事上：人们在互联网上很懒，他们没有多少耐心，过多的网页会让浏览者不耐烦，甚至退出网站。要留住他们就要化繁为简，让他们易于浏览和操作。

我遇到的很多设计师都认为用社交媒体的页面代替网站也是可以的。他们让我看一下他们的作品，然后会给我一堆链接。我问这是什么网站，他们会说："噢不，我就是用它来作为网站的！"

拥有一个社交媒体页面，无论是在拼趣、照片墙还是脸书上，都不同于拥有一个网站。

网站如此重要的原因在于：我需要看到你有真正的业务，而有一个真正的网站是其中一个重要部分。拼趣是建立一个图像库的有效方式，但不要把它当作一个更重要的东西。如果想要被视为一个拥有合法生意的职业设计师，你应该有一个可以展示作品、观点与理念的网站。

▲ 发布新项目与保留独家性 ▼

当专业的摄影师完成拍摄后，你可能很想发布一个新落成的项目的图片。但请注意，一些顶级的杂志，以及仅次于它们的杂志和网站都不会考虑那些已经被发布出来的项目，即便你只是在自己的网站上发布过。当然，在当代，这些信息不会永远只在你的网站上存在，它一旦被发布，就会吸引来很多人的注意，会迅速被分享到照片墙、拼趣或推特上。等待可能有些困难，但如果你希望被刊登，这样做是最明智的。

博客和电子快讯

博客和电子快讯（e-newsletters）可以很好地传播信息，但它们所需的时间很长。如果你有时间写博客，这意味着你花在工作上的时间可能不够多。而且许多博主不太了解编辑的基本规则，所以他们的文章不那么成功。不过，有些人因为很喜欢写作，反而建立了很棒的博客。例如我的客户McAlpine公司，它的一位合伙人格雷格·唐克斯利（Greg Tankersley）就是公司的博客作者。他用精心构思的文字配上漂亮的图片，这在很大程度上源于他对设计的热情，而不是出于职责。

如果你决定将精力投入到博客或电子快讯上，关于真实性和一致性的社交媒体策略也同样适用。

在许多方面，照片墙可能已经取代了博客，这时候的关键就是博客和电子快讯需要与社交媒体有不同的侧重点：拥有更多新鲜、有趣、及时、必知的内容，包括图像和文字。如果你想让人们阅读你的博客或电子快讯，那么就必须更加用心地包装它，进行更多的编辑塑造。这是因为你需要人们有足够的兴趣点去记住并点开你的电子快讯和博客，而不像社交媒体那样，内容会主动推送给他们。

为此，你可以展示精美的视频，或者谈论一个有话题性的项目，但是你必须给读者更多的内容，并定期更新。它可以是一句很好的名言，一个操作指南，一段实践经验，或者你学习过的工具；可以是与项目有关的鼓舞人心的视频；

也可以是关于当前设计趋势的新闻、笔记、评论；或者是你与同事或合作者之间的问答对话。要多提供新鲜的内容让读者保持新鲜感，并养成定期阅读的习惯。不一定都是为了推销自己，因为如果内容太功利，读者就会失去兴趣。

如果人们真的在阅读你的电子快讯，那么你可以多关注你的粉丝对于内容的反馈。你可以找出打开率是多少，并查看人们点击了哪些图片和信息。这可以帮助你决定以后的营销策略如何设计，以后应该放哪些图像，以及如何更好地营造社交媒体效果。

作为设计师，我们用来表达自己观点的工具只会越来越强大。通过每一项新的创新，我们能更有效地与客户建立联系。这样做可以帮助客户更全面地了解我们的工作以及我们所做的一切，从而真正体会到优秀设计的价值。这些工具使我们与客户的关系更加紧密，为我们的设计、我们自己和我们的公司开拓新的市场途径。

CHAPTER FOUR

第四章

组建适合的团队

我一直相信，团队比个人更加强大，因为一群人想办法总比一个人更容易，也更能提升工作效率。

但在设计实践中，这似乎又有点违背我们此前的直觉。众所周知，老板总认为自己是公司的核心，并且外界的人也认同此观点，因为老板代表着公司。但是，如果看看那些由最有才华、最成功的美学缔造者经营的公司就会发现，总有一个强大的团队在背后支持着他们。这个团队和他们有着共同的理念和设计哲学，但职业技能却不同。

时尚界到处都是这种例子：一个天才设计师与一个精通于商业、金融和市场等方面的人合作。比如，伊夫·圣洛朗（Yves Saint Laurent）和皮埃尔·贝杰（Pierre Bergé），瓦伦蒂诺（Valentino）和杰卡罗·吉米迪（Giancarlo Giammetti），或者最近的马克·雅各布斯（Marc Jacobs）和罗伯特·达菲（Robert Duffy）。你可能是世界上最有才华的人，但想要成功，通常都需要一个强大的商业伙伴。

像这样的大型设计公司的合作关系之所以成功，原因在于我们每个人都有一套特定的职业技能，但很少有人（实际上可能根本没有人）拥有自己经营管理和发展业务所需要的一切技能。因此，与那些能够补足、提高你技能的人合作是十分重要的。

记住：招聘不同领域的人并不仅仅意味着引进这些不同专业和工作经验的人。你招聘他们的同时也意味着，你要养活这些不同观点、不同背景的人，正如你依赖他们一样，根据他们能带给你的技能，他们也需要你。

就拿时代导致的差异性来说，随着我们的预期寿命增长和人们工作时间的延长，办公室里不同年龄段的人越来越多。今天大多数公司的负责人都出生于

"婴儿潮一代",但很快是"失落的一代",接下来则是"千禧一代"。这种混合可能会偶尔导致办公室的紧张。不过,如果你理解了每一代人的价值观,包括员工的价值和他们能给你公司创造的价值,你处理事情就会愈发丰富和全面。

"不要太在意自己的观点,这样你就不会把别人的好主意拒之门外。"

吉尔·谢弗
(Gil Schafer)

"婴儿潮一代"被教导并且相信通过努力工作最终将会成功,会因他们的付出和成果受到老板的嘉奖。相比之下,"失落的一代"则希望过一种更平衡的生活,与忠于某一组织相比,他们更具有企业家精神。而"千禧一代"非常注重价值,并且乐于团队合作。你的任务是让他们融入你的办公室——引导他们,帮助他们,让他们感到有成果、有价值并且成功。

为了创造出相互协作和高效的工作环境,一个公司的负责人需要了解这一切以及每一类人的核心价值观。"婴儿潮一代"拥有最丰富的经验,并且可能最善于发现问题。但是,想要找到最有创意和最好的解决方案,你可能需要一位思维敏捷的"失落的一代"或"千禧一代"。了解、利用和整合拥有不同技能而又彼此互补的员工是释放团队力量的关键,也是你建立团队时要铭记于心的事情。

当然,整本书都是关于谁应该作为你的团队成员,以及如何让他们在公司中发挥最大的作用。但这一章将详细告诉你如何创建和维持这个由不同的思想家和实干家组成的团队,以及何时拓展这个团队。

第四章　组建适合的团队　　**105**

招聘合适的员工

如果说我在招聘和管理人事方面有什么特别的诀窍,那就是:慢招聘,快解雇。

当你准备扩大公司规模时,先花点时间想明白你的公司到底需要什么,然后寻找能满足这些需求的最优秀的人才。这样做将减少在招聘员工上犯错误。但如果你确实发现在这个环节上出现了问题,所招聘进来的新员工没能很好地融入这份工作,那尽快采取行动解雇那个员工。我见过无数的公司长期雇佣着不合适的人,虽然这些人最终还是被解雇了,但这已经影响了整个公司的工作效率和进程,甚至会导致好员工的离开。

招聘时花点时间了解招聘对象是很有必要的,因为这是一笔巨大的投资。不仅招聘需要开销,培训员工也耗时耗力。倘若你不做出明智而深思熟虑的决定,你最终会陷入困境,你的生意也可能赚不到钱。

正如我在第一章中提到的那样,有些公司是以项目为主导的雇佣形式,让员工们参与进来,然后在项目结束时解雇他们。这只是权宜之计,虽然在资金上看起来很明智,但它损害了公司发展的可持续性,使建立和维持一种一致的或积极的企业文化变得非常困难。它有时会迫使你快速解雇某个人,不管他们与你的工作节奏和想法有多么合拍,可能还需要解雇那些你想要留住的员工,只是因为一个项目结束了。与其以这种方式运作,还不如对公司的需求和预算进行更全面的评估，以此来决定该扩张还是收缩。

何时招聘

要弄清拓展业务的最佳时机关系到自我认知。决定何时引进一位设计师或财务人员抑或行政人员，完全取决于什么事情让你消耗更多的时间和精力。（关于自我评估的更多信息，请参阅第六章中的"你的职业生涯就像一颗洋葱"。）

何时招聘创意部的员工取决于你的工作量：当有太多项目要处理时，就需要引进更多的人才辅助你完成设计工作，或者是你接手了一个新项目，希望雇佣一位这方面的专家。但这也关系到合适和效率的问题。如果你是一位设计师，每周要在管理、财务或市场分析上花费很长时间，那么就不能完全发挥你的最强技能——设计能力，而这正是你获得收入的核心技能。

明智的招聘的关键在于先找出你公司目前的员工不能解决的任务，再寻找那些基本价值观和你公司相近，并且经验和专业知识都能匹配这些任务的人。

如何招聘？在哪里招聘？

在公司内部提拔现有的员工是很好的选择。可以这么说，自我成长能使人变得更强大和更成功。如果你有心培养这些员工，他们将按照你希望的被训练，并且具备你需要的技能。当然，也不是每次都能从内部选拔出员工。可能现在的员工中没有人能胜任你的项目，要么是因为他们没有足够的经验，要么是你提供的支持和指导还远远不够。

如果是这样的话，就需要把目光投向工作室之外。这可能是个挑战——不是因为你找不到有能力的人，而是因为有能力的人通常会带来一些麻烦。他们在其他公司通过实践活动积累了相当丰富的经验，所以他们具备不同的思考方式和做事方式，甚至会带来独特的企业文化。正如我前面所言，你希望工作中充满多样性——多样性孕育成功——但却很难找到合适的平衡点。

你想要建立一个团队，团队成员可以差异互补。有两种主要方法可以找到合适的候选人：要么自己招聘，要么委托招聘公司。

如果委托给招聘官或招聘公司，你将要给他（们）支付雇员年薪的15%～33%。不过，雇佣好的猎头公司有几个重要的优势。他（们）替你分担了一项艰巨任务——查看简历、初步面试和缩小潜在候选人的范围，为你和你的团队节约时间和精力。招聘公司也拥有更强大的资源来寻找应聘者。如果你想雇佣一个非设计人员——比如管理人员或是营销人员，那么你可能没有多少个人线索，但招聘公司却有。实力雄厚的猎头公司有一个已经建设好的高素质人才库，这些人正在准备跳槽。他们有着较深的业务关系网，能够寻找到更多人才。

除了成本之外，雇佣招聘公司还可能面临其他挑战，但如果你比较小心，就能避免下面这些易犯的失误。

- 招聘公司应该时时刻刻把你的利益放在首位。如果他们不在乎所找到的人是否合适，那么你就是纯粹在浪费金钱。你需要一个这样的招聘公司：他会和其他顾问或者供应商一样，考虑与你和你的公司建立长期合作关系，帮助你巩固和加强团队，而不是仅仅一味想着从你这里赚钱。

- 招聘公司需要的不仅仅是一份工作描述，还要了解谁才是合适的候选人。你和他们都需要确保对你是谁以及公司的宗旨达成共识。当他们熟悉了你的企业文化时，新员工的职位安排工作就会顺利得多。

- 如果新入职的一个员工的工作表现并不出色，而你却向猎头支付了一大笔费用才找到这个人，你肯定不会高兴。一般要求招聘公司保留至少3个月的员工试用期，但在某些情况下，试用期可长达6个月。（不过，试用期一过，你就得依靠自己的判断了。如果半年后你还没有搞清新员工是否适合你的公司，那就是你的问题了。）

在与招聘公司合作之前，你需要询问他们以下10个问题。

- 如何收费？
- 能保证新入职的员工试用期多长时间？
- 如果一位新员工在试用期结束之前离职怎么办？
- 如果找不到合适的人选怎么办？
- 你们寻找员工的方法和我有什么不同？
- 你们找到好员工的最佳途径是什么？
- 你们是从其他公司挖人吗？（如果是，你需要向他们提供一份你不希望从中挖人的同行公司的名单。）
- 你们检查了多少推荐人？是如何检查的？

- 在招人过程中是否使用了我们公司的名字？
- 如果不使用我们公司的名字，如何处理我的现任员工申请这份工作的情况？

如果你不是招聘新人，而是选择在公司内部提拔员工，这种方式既有优点也有不足。

最明显的好处是能高效节约成本。但请记住，你花在内部招聘上的每一个小时同样可以用来为客户进行设计或是做其他有偿服务。这样算起来，你节约下来的钱可能会比你预想的少，甚至完全没有节约。

当然，如果你有一位人力资源经理或办公室主任，甚至是一位好的助理或行政人员可以处理简历筛选和第一轮的面试，那会节省大量的时间和金钱。

在公司进行内部招聘和提拔员工的另外两个好处是：你有绝对控制权，并且不需要让猎头公司了解你公司的文化和招聘职位的细节。

对于那些选择自己负责招聘的人来说，一个主要的问题是找到合适的候选人。以下是一些可选途径。

- **同行**。我有一些客户不想在招聘公司身上花钱，他们会在同行里寻找合适的人选。在你的职业关系网中，可能有人被他们的公司解雇了，或是不适合现在的职位，或是准备跳槽，又或者他们正好知道某人正在找工作，而你不知道。如果你告诉你的同行你正在招人，通常情况下，总会有几位优秀的应聘者前来应聘。这样做的一个好处是能吸引到你想要的员工，因为他们来自你信任的人和对你很了解的人的推荐。志同道合的同行们会提供给你一些类似的候选人，这是我最喜欢的招聘方式。

- **领英**。今天，领英（LinkedIn）是最强大的商业社区之一，许多老板用它招人。（明天谁也说不准，未来也许我们每个人会被嵌入一个芯片，当你寻找工作时，只需要打开它，你的所有技能都会被广而告之。当然这是个玩笑。）

- **专业组织**。大多数服务于某一特定设计学科的行业组织——比如美国建筑师协会或美国室内设计师协会——都会有一个在线留言板或留言栏，你可以在那里发布招聘信息。

- **校友会**。除了由自己的母校管理的就业板块之外，还可以查看当地大学和设计学院的就业板块。那里有大量潜在候选人的资源。

- **个人网站**。你的个人网站中必须有一个招聘板块，冠以"我们长期招聘""加入我们""职位需求"等标题，并且要求应聘者提交电子版资料。这让那些专门前往网站的人——或是仅仅在平常搜索时偶然留意到信息的人——知道你正在招人。不过你必须时刻更新，以免优秀的候选人应聘不到需要的职位而失望。要在当前没有适合他们的空缺职位时仍然吸引优秀人才，可以考虑使用这样的广告语："目前招聘以上职位，但我们永远欢迎优秀人才。如果你认为你的能力和经验适合我们，请发送你的简历，如可能请将作品集一并发送。"

劳动力就业与经济发展和行业发展趋势紧密相关。例如，由于2000年后计算机辅助制图和三维可视化的流行，造成设计公司生意不景气，而娱乐产业却提供了大量高薪工作。这使我们一度失去了大量设计专业学生，他们纷纷进入娱乐和游戏产业，直到这些人厌倦了虚拟设计，想要设计真实的建筑空间和产品。

当经济衰退时，劳动力市场也会随之萎缩，这样一来员工的从业经验也会缩水。例如，工长是公司招聘最多的职位之一，这个职位通常需要5～7年的从业经验。从2007到2009年，我们陷入了严重的经济衰退，在那几年以及随后的几年里，没有人能获得相关的工作经验。所以5～7年后，我们找不到有这些工作经验的人。那些拥有工作经验的人已经成长并扎根于他们效力的公司，而且他们也乐意留在这些公司。这造成了一种恶性循环，在此状况下找到合适的人选相当困难。

面试流程

招聘的不幸之处在于，几乎没有浪漫的恋爱阶段，你还没有约会就需要结婚了。这也是为什么面试如此重要。面试是你离约会最近的时刻，能让你感觉到和应聘者是否彼此适合，以及如果雇佣这个人会怎么样。

当我们向客户展示设计的可选方案时，将众多选项限制为三个，而给老板引荐潜在候选人时这个规则也同样适用。你的外部或内部招聘人员要做的工作是预选优秀的候选人，将人数锁定在三人以内。如果候选人过多，就很难决定最终人选。

许多人经常问我面试应聘者的最佳地点。如果应聘者准备接替一个你要解雇的人，那就不要在公司面试。如果这个职位是在公司新设置的，则应该在公司组织面试并让应聘者参观公司。记住，最合格的应聘者同样也在面试你，就像你在面试他们一样。

面试过程的第一阶段是对应聘者进行审查，以确保他们有合适的技能。熟练的招聘人员或内部管理人员应该在应聘者技能不合适的情况下迅速淘汰他们。在应聘者会见公司的负责人之前,应当核对他们的简历,并核实他们的薪金要求。负责招聘的人应该安排应聘者将要与之共事的人参与到招聘工作中来。

应聘者与老板的会谈要控制在合适的时长,最好不要耗时太久。应聘者则应提供一些合适的材料,如作品集和简历,用来证明他们有何特长。我发现一个小秘密,对于那些没有完整作品集的年轻应聘者来说,有效的面试技巧就是让他们把激发他们灵感的作品做成一本"样书"。这能让你了解他们的内在潜力,以及他们的设计或审美倾向是否和你的公司一致。

以下是我的十大面试问题。

- 是什么让你对我们公司感兴趣?
- 告诉我你的职业目标。(这对"千禧一代"来说尤为重要,他们想知道你关心他们的目标。)
- 告诉我你的工作习惯,你如何使用电子邮件和社交媒体,以及你有什么沟通技巧。
- 你有在这里工作或曾在这里工作的同事吗?
- 你为什么要换工作?
- 你觉得自己五年后在做什么?
- 你想提高哪方面的技能?
- 有没有人谈论你的作品让你感到很意外?
- 如果你目前的工作中有一件事可以马上停止,那会是什么?
- 谁是你的导师?

发出录用通知书

一旦你决定聘用一名应聘者,就应该以书面形式发出正式的录用通知,重要的是,每一个应聘者都要了解你对他们的期望。录用通知应注明工资、休假(如年假、病假和节假日)、医疗保险以及公司提供的任何其他福利,如养老保险或分红和奖金。此外,你还需要提醒应聘者,他在成为正式员工并且享受公司的福利之前,将有三个月的试用期,这期间他是一名编制外的员工(取决于你所在地区的法律)。

确保你的应聘者对薪酬满意。正如我在第二章中所建议的,提供的薪水最好略高于他们的预期,告诉他们你相信他们会证明自己的价值。这将极大地激励他们更加努力地工作,以此证明他们配得上这份更高的薪水。

三个月试用期

我坚信新员工入职的前三个月应该是试用期,此时你们可以互相了解,找到最合适的相处方式。应该让新员工一开始就意识到这一点。在试用期结束时,告知员工是正式聘用还是婉拒,并解释原因。在这三个月的时间里,新员工应得到他们的全部工资,不过大部分的福利需要等到试用期结束后才生效。

当三个月的试用期即将结束时,应该向新员工的主管了解员工的工作状况,然后由你或一名公司高管与员工会谈，提出以下一系列问题。

- 你觉得你的工作怎么样？
- 你对分配给你的项目满意吗？
- 你是否觉得自己接受了足够的挑战？
- 你对公司的感觉怎么样？
- 是否需要我们专门做什么来帮助你适应办公室？

如果出现了任何你认为需要提出或者员工需要改变的问题，现在就是你解决这些问题的时候。如果一名新员工还没做好结束试用期的准备，而你仍然认为留住他是值得的，则应把试用期再延长一个月。但如果这个员工只是不怎么努力工作，那就无须多想，现在就是该结束的时候。

在聘用时考虑性格与能力

当你组建团队的时候，必须首先雇佣合适的人，其次才是有技能的人。

原因很简单：教会新员工办公室的技术、系统和实践以及必要的技能相对容易。然而，几乎不可能将那些与你工作室中的其他人处世方法或个性完全不同的员工变成你需要的员工。

所以，当你面试应聘者时，应该着重寻找那些可能来自一家与你的企业文化相似的公司的人，或者那些与你和你的现有员工气质相似的人。

能力也很重要，理想的员工应该具备你需要的技能，同时又能融入你营造的公司文化。如果一开始就面试到和企业文化相匹配的面试者，就算他们可能能力有所欠缺，也还是可以继续面试下去——总比一开始面试到能力很强但性格不合的人要好。

下图有助于说明这种文化修养与能力的概念。这个图表是一个非常有用的工具，可以用于雇佣新员工和评估现有员工（图4.1）。

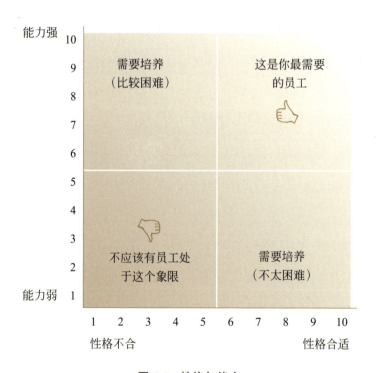

图 4.1 性格与能力

在上图中，x轴代表性格，一个人的个性是否适合你的公司，评价范围是1到10，其中10是最好的。y轴代表你期望员工拥有的能力水平——同样，以1到10为尺度，并根据相关经验进行调整，其中10是最好的。

由这两个轴创建的区域被分成四个象限。

- **左下象限**。不符合要求的员工，他们的能力达不到要求且性格与公司文化不符。这种人根本不能成为你公司的一部分。

- **右上象限**。员工拥有强大的能力同时也适合你的公司文化。你希望所有员工都这样，尽管这样的员工很少见。这个象限的员工留在公司的时间越长越好，并尽可能多地奖励他们。

- **右下象限**。员工性格合适但能力不足。他们需要指导和经验，才能跟上公司前进的步伐。他们需要证明自己可以学习和拥有必要的能力，他们是你想要的团队成员。

- **左上象限**。员工能力很强但性格不合适。他们也需要指导和训练，相对于右下象限那些需要培训能力的员工，要提升这个象限的员工对你们都非常不易。这个象限的员工不太适合你的公司，而且要克服这种因性格不合产生的问题十分困难。

我使用这个工具帮助其他公司招聘新员工和评估现有员工，并且也会在自己的公司使用这个工具。根据应聘者的背景资料、工作经历、他们对面试问题的回答以及我们之间的会面所获得的总体印象，可以将这些人置于正确的象限。对于现有员工，我们从日常工作中收集信息，包括与员工的主管、直接下属和客户交谈，并从评审过程中收集信息，我将在稍后讨论这些内容。在经济衰退的时期，这个工具特别有助于评估谁应该被留用和谁应该被解雇这一艰巨任务。

通过和客户的合作，我发现一家公司的情况在很大程度上都是根据他们大多数的员工在这张图表上所处的位置决定的。

● 员工大多位于右上角的公司——即员工有着良好的文化素质和高技能——通常都是最成功和表现最出色的公司。

● 大多数员工集中在左上角的公司往往是血汗工厂。他们雇佣员工看中的是他们的资历，而不是性格是否合适。他们完成了很多项目，并且做事效率非常高，但员工之间没什么协作，并且更倾向于只完成属于自己分内的工作，因此这种缺乏协作的态度限制了公司未来的发展。合作良好的员工往往能激发彼此的创造力，而他们的设计成果也证明了这一点。

● 大多数员工位于右下角的公司通常其员工彼此之间相处得很好，但是，作为一个整体的办公系统，在速度、效率或技能方面又显得缺乏优势。员工们热爱工作，但他们通常都不太成功。

项目外包

有时候，特别是当你公司的规模还很小的时候，可以把某些业务和责任委托给外部的人员或公司。一般来说，一家公司的业务主要有四个外包领域。

1. 在设计范围之外的工作。

这些都是你的公司在第一章和第三章中所涉及的方面，比如兼职会计或者公关机构。在公司创办的初期，如果你自己比较擅长理财或经营，就可以不雇佣这方面的全职员工。但雇佣专长于这些方面的员工可能会让这些岗位发挥真正的价值，因为他们带来了额外的专业知识、观点和与许多不同的设计公司合作形成的很棒的经验。

2.需要最新软件技术的高技术工作。

大约在15到20年前，当CAD作为一种高效且越来越必要的工具出现的时候，有一个很大的变化：美国的公司把他们的手绘图纸扫描发送给那些专门把这些文件转换成CAD文件的公司，通常都是亚洲的小团队。这不仅成本低，而且还意味着你可以在一天结束的时候把图纸发送出去，在第二天早上收到CAD文件。现在每个人都可以自己处理大部分CAD工作，但是公司可能仍然会将需要使用最先进的渲染或建模技术的工作外包。

3.具体的执行。

相当多的设计师，尤其是高知名度、想法超前的设计师，都会有小型的执行公司或执行建筑师。为了缩短工期，他们会负责一些基础的工作。一些知名的设计公司会有另一家公司替他们完成工作图纸，所以设计团队可以专注于设计。当你在其他城市工作时，可以向当地的公司或当地的设计师寻求实地援助。这可以利用你自己的优势，并且与能援助你工作的人建立联系。

当处于外包关系时，你必须非常小心地确定服务范围和费用，并要求签署竞业限制协议和保密协议，以保护你与客户的关系。

4.想为客户提供你并不擅长的工作。

如果你是一名建筑师,随着工作的深入,你可能会发现有一些设计内容,例如景观设计或者室内设计是你想要整体做的。在亲自做之前,或许你并不打算让这些工作进入公司内部,那么你可以把这些服务外包出去。当公司不希望这些服务对客户公开时,通常会采取这种做法。他们希望提供一站式服务,这样即使工作可能要许多人完成,但客户只需要面对一个乙方。

关于外包需要注意的事项

外包可以节省你的时间和金钱——当然还有人数——让办公室以外的个人或团队来签订合同,完成上面的工作。它还可以让你在不需要做出重大承诺的情况下测试某个行业的能力或技术的水平。

但外包也存在一定风险。你所外包的每一项任务都是一种或一套技能,而这样就无法让现有团队中的员工建立这些技能。对于非设计任务来说,这没什么大不了的——除非你有了一家相当大的公司,否则真的不需要注册会计师、财务主管或内部公关人员。但对于设计类的工作来说,外包却意味着放弃了很多事情。外包出去的工

> "尽早把建筑师、室内设计师、景观设计师和承包商集合在一起,让每个人都觉得自己是团队的一部分。"
>
> 克里斯·波拉克
> (Chris Pollack)

作会由那些不了解你公司的人完成,并且不受你监督。他们对你的审美和设计理念的诠释可能出现偏差。

当你建立你的事业时,你也在建立一种企业文化,同时,在员工和你与公司之间也达成了一种信誉纽带。外包可能对这种企业文化和信誉纽带不利,可能会损害一个公司的远期发展和稳定性。但如果你让自己的公司处理所有事情,你的公司就不会那么强大。

雇佣专人和聘请顾问之间的区别在于,创造属于你自己公司的共享知识产权还是使用别人的知识产权。这看起来似乎区别不大,但它不仅会影响你公司的生产,还会影响到整个公司的文化。雇佣专门的员工并培养他意味着对公司的未来进行投资,这可以产生红利;用支票聘请顾问并指导他不过是用金钱换取服务而已。

重要的是要意识到你的公司在外包中付出了什么,以及你的员工损失了什么能力。最后,如果你希望你的公司能够全面发展,那么就不应该有太多项目外包或者让它们外包太久。

设立顾问委员会

几年前,我从设计委员会的一位同仁那里听到一个故事,这个故事揭示出一个致力于帮助你成功的顾问小组的力量。有一天,一位长期高净值客户找到这位设计师——对于局外人来说,他似乎已经相当成功了——并表达了一些担忧。他说："你的经营方式让我感到震惊。我们收到的发票相当随意，而且你和客户之间的沟通并不是很密切。我们看好你，但你的公司运作得不好。"

这位客户自己经营着一家非常强大的公司，他主动提出要与其他一些有商业头脑的客户一起，帮助这位设计师更好地管理公司。他们开始每季度与这位设计师会面，向他传授成功管理公司所需的技能。这群客户成了他的顾问团队，就像公司的董事会一样。设计师和这群客户一起讨论商业和管理系统以及增长机会。从那时起，他的公司有了很大起色，而且更有组织性。

并不是每一家公司都必须像这位设计师那样拥有正式的顾问团队，但如果能找到来自设计行业内外的，可以在公司的大局问题、挑战和机会上提供建议，并且能用自身长处弥补你的不足的关键人物，你肯定会变得更强大。事实上，如果不太想设立一个顾问委员会，可以从同行那里得到同样的益处和资源，你可以定期与他们聚在一起，讨论这个行业正在发生的事情。如果有一些人能充当你的工作顾问，讨论和业务相关的方方面面，这未尝不是一件对公司健康发展有益的事情。

▲ 顾问委员会的最佳设置规模 ▼

四个人就足够了，即使对于一家大公司来说也是如此。超过四个人，可能会产生太多不同的、相互矛盾的观点，反而不容易做出决定。按照比例来说，如果你的员工少于十五人，你可能只需要一个两人的委员会。

组成

寻找那些有一定共通点但能提出不同意见的人。选择来自不同商业背景、有着不同经验、不同专业领域和技能的人。这并不是想要一种敌对的关系,而是希望形成一种有利的冲突和些许紧张的氛围。如果引入一群只会对你说"是"的人,并不能真正帮到你。理想情况下,你可以选择如下几类人。

- 能坐下来倾听意见的人。
- 能提出反对意见的人。
- 能支持你想法的人。
- 能指导你如何前进的人。

这并不是说委员会中的每一位成员都应该拥有其中一项技能,人们在不同的情况下可以扮演非常不同的角色。最理想的是他们每个人都能对你的观点提出不同看法,并善于倾听你的想法,支持你的意见,或指导你怎么做,当然这都取决于面临的具体问题。但是,在现实中,大多数人都只擅长其中两项:提供创意的人通常也擅于提出反对意见;能坐下来倾听想法的人通常也会支持你的想法。

会面

为了使这些顾问会议富有成效,你应该至少每季度会面一次。在一个安静、没有干扰的地方见面——很可能不是你的办公室。制定议程并提前发给每个成员。你应该列出你期望的会议成果，最重要的是，你应该用一顿饭或者其他补偿来感谢这群人。

报酬

在某些情况下，人们之所以帮助你仅仅因为他是你的朋友或者客户，并且他们非常关心你和你的生意。然而在其他情况下，他们可能会想得到报酬。有些公司会给他们的顾问发薪水，但很多公司只是让他们的顾问委员会在一个很棒的度假胜地享受一个全额免费的周末，甚至仅仅是享用一顿美味的晚餐和一瓶好酒。还有一些公司提供打折的或无偿的设计服务，以换取委员会顾问的时间。

以客户为导向的员工架构

随着公司规模的扩大，团队成员会希望能承担更多的任务，以成长为一名设计师。这是一件好事，但同时也会带来挑战。

如果你用自己的名字为公司命名，那么客户就会倾向于雇佣你作为他们的首席设计师，他们恨不得所有的设计方案和想法都由你亲自操刀，而不是来自你的下属,即便是高级职员也不行。显而易见,这会让团队其他成员感到沮丧,因为他们也有自己的想法和创意,并且想引起你和客户的注意。他们希望通过自己的创意赢得该有的尊重。

但客户并不在乎他们个人的创意。让我们面对现实吧,客户希望听到你的创意,并且只会为此买单。所以客户需要感觉到员工所提出的建议都是你主使的。让客户感觉到这些其实非常简单,况且他们更多在意的只关乎形式而不是内容。这一切都在于教会员工以一种支持你和公司的方式说话,让客户觉得一切尽在掌控之中。我认为这是"我们"的力量。

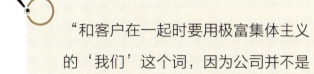

"和客户在一起时要用极富集体主义的'我们'这个词,因为公司并不是你个人的。"

夏洛特·摩斯
(Charlotte Moss)

"我们"的力量

我总是对高级职员说,如果你提出的创意和解决方案是直接来自公司的负责人,或者至少是来自与负责人的讨论,那你在与客户打交道时会成功得多。他们应该会说:"凯斯和我认为这将是一个好主意……"或者"凯斯和我在讨论……"。这种方式可能不会立即让你的团队成员感到被赋予权力,但它最终会给他们力量,让他们更有效地向客户传达想法。

这是因为"凯斯和我"这样的"我们"拥有强大的力量,以至于连公司的负责人都很少说"我"。他们知道,如果说"我们",就意味着背后有一个完整的团队,在致力于寻找项目的最佳解决方案。仅仅说"我"则完全没有这种力量。说"我们"可以让员工获得客户的信任,反过来,也可以让身为公司负责人的你卸下一些担子。(同样地,我总是建议带你的团队成员一起参加会议,特别是第一次和潜在客户见面。当你表示团队中一名资深员工将负责日常工作,并成为客户的主要联系人时,马上就会让客户知道,他将与团队的其他关键成员建立关系。同时,这样做也是在向客户发出信号,表示你信任自己的任何一位员工。)

刚开始,如果一个员工是新来的,或者你刚开始与一个新客户合作时,你会希望员工在向客户呈现项目时原原本本地使用"我们",传达你和设计师所讨论的各个方面。一旦你知道你的设计师明白了他们在做什么,就可以授权他们代表你说话——即使你还没有讨论到具体的想法、决定、建议或解决方案。

话虽如此,当客户向你的团队成员直接征询意见时,团队成员可以自由地给出意见——前提是你不在该会议或电话会议上(如果你在,那么设计师应该听从你的意见)。客户征求他们的意见可以让你的员工表达自己的想法,这会让设计师知道客户重视他们,并希望听到他们的意见。

我知道向员工解释这一切听起来可能有点自以为是,但你的职责是要求他们这样做——事实上,你也是这样做的——因为这是让设计师了解公司的想法,向客户推销公司的设计并进一步推动一个项目的最好方式。作为生意的一部分,必须广泛地使用这种方式进行交流。

符合公司愿景的组织结构

下面的组织结构图展示了各种规模的公司结构。这些结构中效率最高的——我推荐你在自己的公司中实施——是基于"工作室系统"的结构。你可能会问，工作室系统到底是什么？这是一种可以将你的公司分成更小更容易管理的工作室的结构，无论公司的规模有多大。每个工作室都有一个负责人，可能是工作室的主管。在主管之下通常是项目经理，然后是中级员工，最后是初级员工。一个成功的工作室通常有5到10个成员。如果超过10个成员，它通常要有一个强有力的领导者和一个能力非常强的项目经理（图4.2）。

扁平的组织，如中间的图表所示，可能导致沟通不畅，同时也会给公司负责人带来巨大的压力。相比之下，工作室系统允许不同层级和拥有不同技能的人轻松开放地沟通和交流，这让你的公司在操作不同规模的项目时更加灵活。如果一个工作室忙得不可开交，而另一个又正在等待项目，那么后者可以与需要帮助的工作室共享人员。

正如你在下图中所看到的，这个工作室的系统结构有助于增长公司规模，在必要时也有助于其缩小规模。

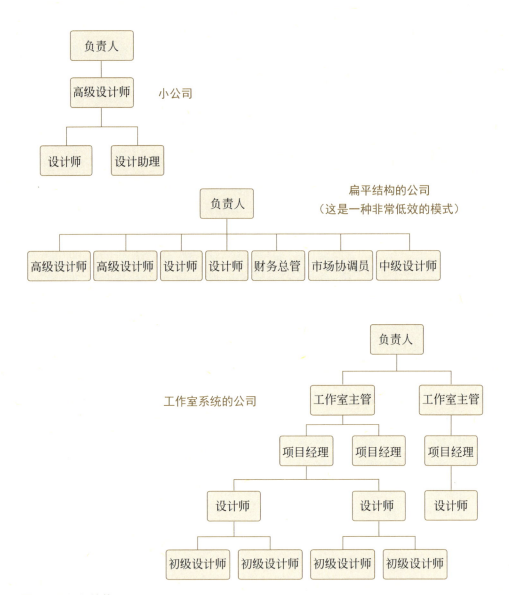

图 4.2 组织结构

培养你的团队

招聘到合适的员工是一回事，留住他们又是另一回事。

随着团队成员的数量增长和职业技能的扩展，他们将迎来新的角色、任务和挑战。他们的学习、成长和发展都是你的责任。作为公司的负责人，应该全身心地帮助你的员工成长，给予他们必要的支持和指导，让他们在公司里开创职业生涯，这样他们就不会把自己在这里仅仅看作是一份工作。俗话说得好，一分耕耘一分收获。

培训和指导

培训是为员工提供完成目前工作所需的技能，而指导则是给予他们未来职位所需的技能，未来的职位是你和他们所共同期望的。因此，培训往往更有目的性和针对性，而指导则更普遍和更全面。

培训

刚开始的培训是相当简单的。管理新员工的人需要教他们如何完成工作，重要的是如何在现有公司文化和处事方式中完成这一点。新员工的同级别同事也可以在这方面发挥作用。比如，一个团队中的资深初级设计师可以向另一个团队中的新任初级设计师传帮带。

培训过程中的关键是允许犯错。犯了错就应当立即（温和地）纠正和（建设性地）批评，以帮助他们学习和成长。如果人们不犯错，就无法吸取到足够的教训，就不会进步。当然，如果一个新员工不断地犯同样或类似的错误，就可以看出他没有从这些错误中吸取教训，那么你就该考虑在三个月结束后他的去留问题了。

随着新员工变得越来越熟练，他们可能会寻找（或者你可能会为他们寻找）一些无法从其他员工那里得到的培训机会。当内部没有培训时，你需要寻找当地的培训课程或研讨会。然而，这些事情并不全是你的职责。你应该让那些想获得额外技能的员工找到学习这些技能的途径。只要课程与你的需求和目标相符，而不仅仅是与员工的需求和目标相符，你就可以出资或协助他们学习。

这似乎是一项繁重的工作，它可能会让你筋疲力尽——尤其是当这项工作安排得非常详细的时候——但如果你培训合适的人去做合适的工作，就会有一个更有效率的团队，充满了勇于承担更多责任、对自己的工作更加负责的员工。

指导

相对于培训而言，指导需要更加深入，而且持续的时间也更长。这是为了实现公司未来发展的长远目标。

为了更好地指导别人，你和需要指导的员工要有一致的目标。然后你必须定期参与，这样才能传递经验并检查员工的进步。就像在学校里一样，每个人都得做作业，并且需要评估这些作业的进度。我们建议客户，如果希望实施指导计划，就给每个新员工指派一位具有大量专业知识和经验的伙伴，以辅助新员工的成长。由这个人制定并检查任务，同时指导新员工熟悉公司。

下面是一些帮助指导新员工的任务举例。

- 研究新的建筑规范，然后将研究心得分享给其他员工。
- 调查产品开发的新资源，寻找更多优秀的工匠，保持公司的创新性。
- 参观工作现场，汇报工艺质量，确保它符合设计预期。

如果你只是抱着"自力更生"的态度来看待指导，那么有些人确实会成长，因为他们本身就具有创业精神或者属于自我开拓的类型，但那些需要更多指导的人可能会沉沦（他们很可能是未来的巨星）。就算是开拓类型的人，如果他们觉得没有得到关注，也会感到沮丧。你需要分别判断每个人的成长需求，然后因材施教。

指导有多种形式，它基于你和员工的密切合作，有时指导只是坐在他们旁边，看看他们在做什么，或者向他们展示一些不同的做事方式。这可能意味着把他们带到工作现场或客户会议上，这样他们就能理解这个领域的工作。此外它还可能涉及办公室之外的任务和培训。不过，归根结底还是要关注——关注他们，他们的工作，他们的目标——确保你的员工感觉到你在为他们的未来投资。

关注你的高级员工——那些看起来似乎可以在没有任何监督和指导的情况下完成工作的人——与关注那些明显需要你帮助的人一样重要。在公司里拼命寻求帮助的人总是会得到帮助，这会让最有能力的人感到被忽视。当另一个工作机会来临时，他们可能更倾向于跳槽——但往往他们是你最不想失去的人。

请参阅《设计是门好生意：创意天分与商业智慧的平衡之道》第四章的培训员工图表，了解更多关于如何快速指导员工的信息。

通过设定目标和业绩考核来激励成长

为了让员工获得长远的成功，你们需要一起制定目标，设计实现这些目标的路线图，然后回顾进展。这就是激励他们成长的方式——让公司的成长与员工个人的职业成长紧密相连。

设定目标

人类的天性会希望知道自己的未来是什么样子。因此，规划蓝图对于员工来说很重要。一开始，目标可能只是从一个职位晋升到另一个职位。为了帮助员工创建一个实现目标的路线图，你可以展示他们在你公司的职业生涯中可能的晋升过程——如何从初级设计师成长为项目经理或者从项目经理成长为高级设计师。这意味着要向他们展示这些未来角色的职位描述，然后决定他们需要具备什么技能才能实现这些目标,以及公司将如何帮助他们获得这些技能。例如,如果从初级设计人员到项目经理需要更多的实践工作经验,那么你和员工将会更多地讨论将他们派往项目现场。

特别是今天——"千禧一代"的员工会希望跟你尽可能多地交流,并且希望了解他们的未来——建立这些目标和路线图是很有价值的。"千禧一代"需要知道他们做的每一件事都有目的。解决这个问题并帮助他们理解自己在你公司的价值是你的责任。

业绩考核

帮助员工确立目标,并帮助他们理解如何通过培训和指导来实现目标仅仅是个开始。你还需要和他们一起审查进展如何,确保他们的工作始终在正轨上。

当然,每年对你的员工进行正式考核是很重要的,但同样重要的是,要确保有某种系统可以考察他们全年的表现,观察他们在当前的工作中做得如何,同时观察他们为实现更远大的目标所做的努力。这件事情可以简单到每季度安排员工和管理者进行一次15分钟的交谈,以确保员工实现了他们的目标,并得到了管理者的支持。开放的沟通对于员工成长大有帮助。

更正式的考核应该每年进行一次,通常是在12月或1月。尽管一些公司会在一整年结束的时候进行考核,我个人喜欢错开考核时间,即在员工入职的周年日上做考核。考核通常会持续一到两个小时,这取决于你设定了多少目标。这名员工的审查应当有一名他的直接负责人和一名公司的高级员工加入。与会内容应该涵盖员工过去一年的发展情况和未来12个月的目标，以及他从管理层那里得到的和需要的东西。（注意，总负责人，尤其是较大公司的总负责人，没有必要参加每一次的评审会议。）

在会议之前，你应该完成一个考核表格。这张表格应该用于考核时一起讨论员工的成长进度。它能帮助你考核员工，也能用来为下一年设定目标（图4.3）。

员工考核的主要目的是确保你的员工确切地了解在接下来的一年里对他们的期望是什么，同样重要的是，他们对你的期望是什么。考核的存在是为了确保他们走在实现成功的正确道路上。

相信你已经注意到，考核应该是关于目标设定，而不是用来纠正错误的。如果员工的表现出现问题，就必须马上纠正和解决，不应该等到季度甚至年度考核时才提出来。考核不应该是惩罚性的行为，也不应该用来对你或你的员工表示不满。

同时我认为，年度考核不应该与薪水挂钩。如果员工知道他们的考核会牵涉到加薪或奖金，那么他们将会在整个过程中对这些数字感到疑惑，并在会议上分心而不参与讨论。我发现最好只对目标和业绩进行年度考核，然后在几周后再进行一次薪酬评估。这样，你就可以在评估薪资时使用年度考核中得出的信息。

▲ 责任制：你和他们的责任 ▽

培养团队很大一部分有赖于你和员工之间能否达成协议——不管是不是出

🌲 红杉设计

员工考核表

日期	
名字	工号
职称	考核时段
部门	经理

1＝很差　2＝一般　3＝满意
4＝很好　5＝极佳

工作技能	评价
1○ 2○ 3○ 4○ 5○	

工作质量	评价
1○ 2○ 3○ 4○ 5○	

独立思考能力	评价
1○ 2○ 3○ 4○ 5○	

工作主动性	评价
1○ 2○ 3○ 4○ 5○	

沟通/倾听技巧	评价
1○ 2○ 3○ 4○ 5○	

可靠性	评价
1○ 2○ 3○ 4○ 5○	

综合评分	评价
1○ 2○ 3○ 4○ 5○	

附加评论

下一年的目标（由员工和主管商定）

员工签名	日期
主管签名	日期

签署此表格表示你已与你的主管详细讨论了考核内容，但并不表示你必须同意此结果。

图 4.3　员工考核表

于默契——你将帮助他们个人成长，而他们反过来也将帮助你的公司成长。你们达成了一个协议，即你们会在工作中互相扶持，至关重要的是，每个人都对这个协议负责。

应该怎么做呢？主要的方法就是落实你对员工所承诺的一切：帮助他们设定目标，制定一条实现目标的路径，指导和培训他们，然后当他们提升技能、完成设定的目标时给予他们奖励。你在责任制中的角色是向人们展示他们能够如何进步，然后通过将他们提升一个等级来表明你愿意给他们新的职权。（如果超出了既定的目标，可能还会有其他的激励措施，可以是加薪、奖金或临时奖励。比如，因为要在周五前完成一个项目而度过了地狱般的一周，那么下个周一可以特别休假。）员工们能否履行协议也同样重要。他们需要通过培养技能和承担晋升所需要的任务来履行责任制。

总之，组建正确的团队是你为公司创造的最重要的资本。找到优秀的人，培养他们，和他们共同成长，打造一份事业而不仅仅是一份工作，这将使你和你的团队永远成功。

设计不仅关乎天赋，更关乎执行。执行你的设计所需要的是一个强大的团队。时刻关注你的团队——让他们充满挑战、参与感、满足感和回报——你的回报也必将是丰厚的。

CHAPTER FIVE

第五章

你不需要的人

尽管这一章叫作"你不需要的人",但它实际上是关于尊重你人生中所有值得拥有的人。在强调专业性的服务行业,人是我们最大的财富,组建正确的团队就代表一切。这一章是关于剔除不良客户和不好的员工,以及其他不适合你公司的人来完善你的团队。虽然谈论你不需要的人看起来非常消极,但这一章可能是整本书中最重要的一章。识别这类群体的早期预警信号往往不太容易被发觉,但本章将帮助你在与他们建立长久关系之前就发现这些信号。

几年前,我和一个客户一起工作,他有一家二十名员工的公司,并且可能是我认识的最优秀的十大企业家之一。在一次员工会议上,我突然意识到,尽管他本人可圈可点,但他手下的员工却不那么优秀。有一些害群之马总把办公室氛围弄得很不愉快,这真有种回到高中时代的感觉。这些员工对被要求做的任何事情都心存不满。他们讨厌这家公司的新员工,并找到一种方法来疏远那些试图拆散他们小团体的人。会议结束后,我和我的客户进行了交谈。我的话寥寥无几,却掷地有声:"你应该得到比这更好的。"他迷惑不解地问我言下之意。我慢慢确认这些员工的身份,并解释为什么他们不适合这个工作岗位。事实证明有两个人是罪魁祸首,他们实在是欺人太甚,竟强迫新员工服从他们的小头目。在公司的关键时刻,他们却讨厌一个刚加入公司的高级设计师,不但没有帮助新人适应新的办公环境,还在他工作的每一步都设置了障碍,设计师犯的每一个小错误他们都要打小报告。这家公司的整体运行很吃力,因为大家耗费了太多的时间去讨厌这位新来的设计师,以至于没有人去关注那些还没有完成的手头工作。

我的客户让这些人离开后,变化是立竿见影的,那些被欺压者很快就改变了态度。现在，办公室的效率得到了显著提升，而且大家也拥有了一个愉快的工作环境。永远不要低估一个小群体甚至是一个有权势的个人对你公司文化产生的影响。这就是为什么聘用合适的人如此重要。我相信，如果我的客户真的很注意合适的问题，这些不良员工就不会再被聘用。

下面我们来看看你生活中不需要的人有哪几类，无论是客户、员工还是同事。

不良客户

让我们从客户开始，或者说，从不良客户开始。

"困难的客户"和"不良客户"之间是有区别的。困难的客户并不罕见。如果不是有什么困难和需求，人们也不会去花大价钱请设计师。困难实际上不是问题，问题是你不信任的客户。良好的关系中最重要的因素是信任，大多数争端都来自缺乏信任。这听起来像是陈词滥调，但设计师必须赢得信任，并且是十足的信任，以便成功地度过一些困难。

当你第一次和一位客户合作时，情况比较简单。你可以快速地获得信任，建立一种深厚的关系；或者你遇到的是一个冷漠的客户，他需要时间来建立信任，最终接纳你。这些都是可以接受的情况。需要注意的客户是那些带有先入为主的观念，认为不能相信任何人的客户。他们往往是非常消极的人，也不会尊重设计师的才能。

相信自己的直觉。如果一个潜在客户有什么地方让你感觉不对,那很可能他确实是不对的。

▲ 不良客户的十大警示标志 ▽

1.连一杯水也不给设计师倒。

不给设计师倒一杯水的客户不是好客户,这听起来似乎有点草率。但相信我,这表明客户只想着自己,完全不考虑别人。

2.对设计师的事情不闻不问。

你和客户会有很长一段时间在一起合作,几个月甚至几年,如果他们对你本人或者你的工作不感兴趣,那么你们的关系肯定会有些紧张。客户需要了解你,就像你需要了解客户一样,这是有效沟通的基本原则。

3.他什么都不告诉你。

如果很难让客户说出他们是谁,以及他们是如何生活、工作的,接手他们的项目将非常困难。如果他们是为了你的设计而来,那实际是在向你购买产品。但如果客户来找你帮他们表达他们的需求,设计师就需要知道他们是谁,他们是如何运作等。

4.他告诉你他们做决定很快。

只有那些曾经被别人告知无法做出决定或难以合作的客户才会这样说。这是一个很明显的警示信号。你可以自己判断他们是否能迅速做出决定。如果他们做不到，你的项目会比预期计划延期很多，而且最终会变得非常昂贵。

5.他告诉你他们很容易相处。

与第4点很相似。如果客户告诉设计师他们很容易相处，那通常是因为客户曾经被告知他很难相处，并且想让你为他们卖命。同样，一旦你开始了他们的项目，只有你才有资格判断他们是否容易相处。

6.他承诺如果你给目前的项目打折，未来将和你继续合作。

如果你每次都答应客户这样的要求，你的公司就会面临破产的危机。对拥有多个项目的开发商或者业主来说，这是一种惯用伎俩。然而事实是，最耗时的项目往往就是这第一个，因为了解新客户需要时间。我会建议我的客户拒绝这个提议。你可以这样说："我很高兴和你探讨多个项目的折扣问题，如果这对项目有意义的话，让我们先完成第一个项目，如果一切顺利，我们肯定会考虑降低下一个项目的价格。"然而请记住，项目不是一成不变的，而且每个项目都是独一无二的。如果设计师提前同意给第二个项目打折，而它与第一个项目的性质又完全不同，那么设计师很有可能会在第二个项目上赔钱。规模效益只来源于工作效率和对客户理解的提升。如果文森特·梵高为客户画了一幅画，他们要求他再画一幅，第二幅画的价格会降低吗？你也许不是梵高，但你也有自己的价值。不过，要记住，客户要求打折并不意味着你就应该拒绝这个项目。这只是一个需要引起注意的信号，表明你可能会为了拿到下一个项目而做出让步，这时你需要做的就是确保客户理解你的价值所在。

7.你是他们的第三任设计师。

设计是一个非常强调个人能力的行业,如果客户曾经炒掉某位设计师,这不是一个好的兆头。当然,如果有一个合理的解释说明他们曾经与多位设计师合作过,这是可以理解的,但这些客户很可能是很难相处的人。

8.你没机会见到他们。

在当今世界,一些客户被一群代理人所包围着,我曾经遇到过让一个代理人管理整个项目的事情。对于商业项目可能问题不大,但对于住宅项目来说,设计师不能和业主进行直接交流是不现实的。

9.只有一半的客户参加会议。

当你和多个人一起工作时,和你会面的这个人可能不是掌握决策权的人。设计师往往会被客户引导走向一条符合单方面期待的道路,而当另外一个合作伙伴出现时,他(她)又提出了截然不同的方向和预算,因此整个项目就需要重新设计。所以一定要确保所有参与者都参加所有重大的决策会议。

10.客户有"慢性失忆症"。

如果客户经常不记得他们批准了一个想法或设计,或者他们忘记付款,这些都是你在和坏客户打交道的迹象。

以上每一个信号都是重要的,但它们并不是拒绝客户的唯一理由。它只是给你提了一个醒,你需要深入了解这类客户是否真的难以合作。

害怕说不

我们常常担心，如果我们对一个项目说"不"——不管它有多糟糕——我们可能是在对最后一个路过我们公司门前的客户说"不"。紧随其后的是担心产生了：放弃的这个项目可能是我们目前最好的，能够给公司带来高收益的一个重大项目，我们会因为放弃它而丧失盈利的绝佳机会。与此相关的是，一个潜在的项目可能为你的公司带来一个源源不断的商机，如果你拒绝，所有的这些机会都将会落入你的竞争对手麾下。

面对这种情况你的选择可能是正确的，但如果你的直觉和头脑告诉你，和这个客户合作可能会有很大的问题，而你又轻易地答应了这个客户，你的处境就会比单纯失去这单生意更糟。(相信我，那个客户绝对不是最后一个走进你公司的人。)

拒绝是你作为设计师能做的最有力的事情。这意味着你对和谁一起工作，或者生活中想和谁在一起充满信心。尊重你的需要，而非只关注你的恐惧。

当你对不良客户说"是"

对不良客户说"是"的结果可能远比处理一个困难的项目更糟糕，对你的影响可能更广泛和深远。以下是几个例子。

- 你专注于不良客户的需求，他们让你疏忽了那些同样需要关注的优质客户。

- 你的员工埋怨自己不得不与那些不良客户打交道，他们开始厌恶自己的工作，甚至对你产生恨意。这最终会导致他们离开公司。

- 供应商、承包商和顾问可能会开始质疑你的判断。

- 不良客户永远不会满意。他会在公众场合说你坏话，你的名誉因此受损。即便这样的抱怨没有那么多的可信度，但如果这些负面评论在网上流传开来，对你和你的公司来说仍然非常不利。

- 最后，这样的不良客户通常自己也是一个不快乐的人。除非其他人也同样不快乐，否则他始终不会满意。你不希望，也不需要这种生活中的负能量。

我的一个设计师客户曾经和一个拥有庞大管理团队的客户一起工作，所有的决定都通过了管理者的过滤。这名客户没有与任何人建立私人关系，也没有表明他的个人喜好。在做了大量的工作之后，问题终于出现了，设计师收到反馈说客户对他的工作非常不满。设计师被要求在几乎没什么具体修改意见的情况下重做PPT，但实际情况是，设计师绝不可能仅靠猜测客户的个人喜好去工作。所有的这些信号都表明这个客户相当不靠谱，因为他从来没有和设计师讨论过，设计师也从来没有直接听到客户对项目的愿景。

在另一个案例中，一个设计师为一对已婚夫妇设计了他们的家，但他们自始至终从未一起就方案进行过有效沟通。设计师知道这是个麻烦，因为实际掌控家庭财务的丈夫从来没有在设计方案上签字并允许项目向前推进。设计师应该听从他自己的直觉，从一开始就拒绝这份工作，但他真的很喜欢那位妻子，她告诉设计师，她对设计家充满了热情。设计师直到最后才意识到，尽管这是妻子的激情所在，但她的丈夫（实际的家庭财务掌控者）从来没有同意过。这个项目最终没有完成，并且当事人都很不高兴。由于这对夫妇间的沟通非常困难，他们在项目快结束时也离婚了。

引导不良客户成为优质客户

在少数情况下，即使你和一个不良客户合作，你也有机会扭转局面。有时候这一切都归结于对客户的引导。如果客户真的不知道如何与设计师合作，他如何对待设计师可能与你的期望大相径庭。你的工作就是扫除这些障碍，为你们的互动建立一个更现实的框架。我曾经有一个客户，他几乎快骑到我头上去了，后来我再也无法忍受他的语气和不切实际的期望，便把他的行为说出来。当然，为了表明我的立场，我不得不解除合同，但是他又回来了，我们重新坐在一起，清晰地拟定了我们对彼此的期望：

- 他非常不尊重我的时间。我去他的办公室找他，却等待了一个多小时。一开始我很生气，但后来我开始带着笔记本电脑去完成其他的工作，让等待的时间不至白白浪费，或者先和其他员

> "最难缠的客户通常会带来最好的潜在项目，这是职业发展的好机会。"
>
> 马克·斯扎夫兰
> （Marc Szafran）

工交接工作。最后，我坚持说，要么他需要在我们计划的时间内进行讨论，要么他必须到我的办公室来。

● 我实在受不了他那没有礼貌的说话方式，于是我告诉他我希望我们之间能够彼此尊重与信任，并告诉他如何与我相处。对此，他也表示了赞同。因此，我们需要建立明确的良性交往界限。

● 他对我工作的服务范围有所误解。他相信任何与商业或营销有关的事情都是我工作分内之事。有一次因为杂志上没有刊登他的照片而斥责我，我连忙向他解释说这不是我的工作，然后翻阅合同证明给他看，还告诉他我具体的工作职责，他这才明白一切都是误会。我们回顾了合同内容并澄清了我的服务范围。

经过这件事，我们开始了进一步的合作，建立了长远的合作关系并努力让我们的合作变得更有意义。从那时起，我们的关系一直维持到现在。

和不良客户解约

如果你接受了不良客户，而你终于意识到你不能再和他们合作了，有许多情况需要考虑，还有许多问题需要解决。

● **时机**。什么时候才是告诉客户这样根本行不通的最佳时机？答案毫无疑问是在项目早期，但是这个阶段你往往无法确定他们是不良客户。所以许多设计师担心，如果在项目的晚期终止合作关系将处于不利位置，因为你许诺的合作做到一半突然停止会让客户有点难以理解与接受，并且面临被起诉的风险。终止一个项目从来都不是容易的事情，但在最好的情况下，这种感受是相互的。当这种感觉不是相互的时候，你就需要找到一个你和客户都能接受的解决方案。

- **沟通**。在正式通知客户之前，要提前与员工一起制定退出项目的策略。永远不要只通过电子邮件工作，最好的办法就是面对面地坐下来。讲清楚为什么它没有成功，然后提出解决方案。如果你愿意推荐其他潜在的设计师，也可以这样做。客户最不想看到的结果是，你让他们觉得你把责任推卸得干干净净。

- **财务解决方案**。向你的财务主管就终止该项目的财务后果进行咨询。你是否留有客户的资金，如果有，那是否需要退还？客户是否有未付款项？如果有，那么你应该考虑到客户有不愿支付尾款的可能，你需要决定是否在没拿到这笔钱之前结束合作。

不良员工

当你接受一个不良客户时，对你事业的影响是有限的——虽然并不像你在读上一节之前所想的那么有限——但雇佣一个不良员工可能会对你的事业造成极大的不利影响。和客户一样，有时员工存在的问题也不会立即表现出来。我想再次强调：慢慢地招聘员工，最重要的是，寻找那些拥有较好文化背景的人，这样你就不太可能雇佣到不良员工（图5.1）。

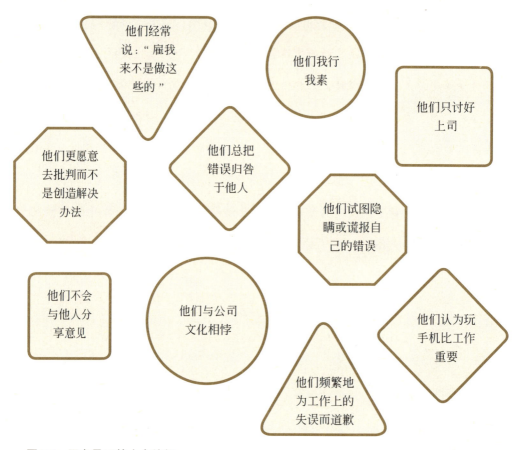

图 5.1 不良员工的十个特征

预警信号

让我们从你第一次面试那位员工开始,问一问自己,一切正常吗?自己有没有忽略掉某些预警信号?他的简历是否与作品集相符,或者与他本人的相貌相符吗？他有没有为自己没有准时参加面试而找借口？在关于生活、教育和事业的描述中，他的简历或是面试中说的话有明显差异吗？他对自己的能力有信心吗？或者谈到个人技巧时，他有些紧张不安吗？我的一位客户在面试初步筛选后，邀请应聘者与其办公室成员共进午餐。在这之前他不会雇佣其中的任何一名应聘者，直到他的同事有机会见到并观察应聘者在午餐期间的表现，这么做是相当有价值的。

在面试过程中，你可以发现许多需要警示的地方，以下是我列出的十大预警信号。

- **简历信息有冲突**。简历是否缺少日期和衔接的时间点，或者曾经的工作之间存在极大的差距。两份工作的受聘日期是否有重叠？注意这些可能存在不一致。

- **不注意个人形象**。面试时讲究穿着总是有益无害的。如果有人穿着西装去面试，但你的办公室氛围是比较随意轻松的，你可以解释说你的办公室没有那么正式，但你也会赞赏面试者对这场面试的重视。

- **沟通困难**。在谈到过去的工作经验和资历时，应聘者是否会犹豫不决？而你希望员工能够自信并且清晰地表达自己的观点，因为他们将来要代表你去和客户进行沟通。面试的节奏可以

> "面试要慢，最后一次面试要选在餐厅。边吃饭边聊天会让你了解一个人的很多事情。"
>
> 苏珊娜·塔克
> （Suzanne Tucker）

第五章 你不需要的人

放缓，最后一次面试一定要在餐厅进行，因为边吃边谈能让你了解一个人的很多情况。

- **自负**。应聘者对过去的工作和职责过于自信，对于他职责的期望与他自身的经验不符。

- **贬低其他应聘者**。存在贬低其他应聘者的言语，特别是上一个应聘者。

- **过度警觉或过度准备**。应聘者对你或你的公司知道的信息多到让人毛骨悚然，显然他一直在寻找让你感到不舒服的个人信息，比如你的孩子去哪里上学或者你的配偶在哪里工作。如果是在面试过程中发现与你有此方面的联系，将有助于建立共识，这没有问题。但是，一个人用网络搜索来与面试官建立私下联系是不可接受的。

- **在线招聘的隐患**。当你在社交媒体网站上搜索候选人时，你会发现有太多的个人信息被展示出来。在雇佣员工之前，考虑一下如果你的客户发现了公司团队中某个人的信息，他们会怎么想。

- **有关工资方面的谈话**。应聘者在被录用前会要求我们给出报酬、福利或休假的条件。最近，在面试期间，我们有一位候选人要求一家私营公司提供股票期权。他们潜在的候选身份甚至不应该讨论到这里，这是一个彻底的失误。

- **迟到**。应聘者在面试中迟到，但不能给出一个充分的理由。即便是因为交通情况也不能迟到，因为交通情况不是一个有效的借口。守时在很大程度上体现了员工的计划性。

- **剽窃**。这个人的作品集里都是别人的作品。有时候很难鉴别，但是设计圈很小，而且你经常会发现有些作品在其他地方见过。

应该清楚的是，并非以上所有信号都不可原谅。如果应聘者只迟到了一次，应当是可以被原谅的，但如果应聘者提交了一份抄袭的作品集，那绝对是不可原谅的。

不良员工的影响

在面试环节中，应聘者把自己最坏的一面隐藏住了，你可能没有发现这一面，直到新员工开始为你工作你才发现。那时你应该怎么做？

在第四章，我提供了一张图表，帮助你评估员工的技能水平和他们在公司中的适应程度。

正如我在上一章解释的，如果你只注重雇佣能力强的人，却不关心他们的性格是否能和其他员工友好相处，那么你有可能面临他们与公司文化格格不入的风险。与缺乏技能相比，这种情况更有可能导致公司破产。

当公司聘用了我们所说的"能干的混蛋"时，这些人会导致公司失去一批优秀的员工。我们都知道有能力的员工，虽然工作能力很强，但多少有些恃才傲物，这就导致了每个与之共事的人都不能开心地工作，尤其是他

> "认识到你公司每一个涉及公共关系的部分——你的大厅是什么样子，客户是如何被接待的——都是你营销计划的一部分。"
>
> **梅格·托伯瑞格**
> （Meg Touborg）

们的下属。这类员工时常炫耀自己出色的工作能力，比如他懂得如何运作别人不会的系统等，但是这样做只会让他们的下属感到不舒服。这样的人在他们的老板和主管看来是很讨人喜欢的，但对于与之共事的同事和下属来说，却好比一场噩梦。"能干的混蛋"往往很有控制欲，但他们却是不值得信任的。

正如本章开头提到公司的"害群之马"时所说的那样，一个差劲的员工，或者是更糟糕的一群员工，会对你的公司造成极为不好的负面影响。几年前，我有个老板朋友不相信他的一个员工正在损害公司的办公文化。例如，该公司有禁止穿牛仔裤的规定，而他是唯一一个被允许穿牛仔裤的人。

如果你给某些员工特权，那么将会有大量对你不满的人。我的一位老板朋友非常忙，他有时忙于会见客户或设计主要产品线而没有时间，需要一个人来帮忙管理公司。尽管员工们不断地向老板抱怨这个人各种不好，尤其是在公司工作了很久的优秀员工不断地辞职后，我的这位朋友还是对这种情况视而不见。最终，在没有造成更严重的影响之前，这个坏员工向老板表露了他的真实情况，然后我的这位老板朋友以他不服从命令为由解雇了他。后来他通过阅读这名员工与其他人交流的电子邮件，了解到这个员工的所有不良行为，而这个员工甚至丝毫没有想要掩饰他的为人处事。

我最喜欢的名言之一，是玛雅·安吉罗（Maya Angelou）说的："当有人告诉你他们是谁时，在第一次相信他们。"你必须谨记这一点。好的领导者应该对他的员工有全面的认知。如果你是公司的负责人，你需要培养快速鉴别员工的能力，且与任何看起来对公司有不良影响的人保持距离。

以下是一些可能让你和你的公司陷入困境的不良员工的鉴别方法。

- 他们是挑拨离间者，会疏远你的忠诚员工，同时吸引公司那些破坏企业文化的追随者。
- 同样，他们破坏了你努力为自己的公司创造的文化。
- 他们促使有价值的员工辞职。
- 他们通常是不值得信任的，并且让公司产生了不良的信誉。
- 他们常常盯着员工的短处，而不是发扬他们的长处，仿佛让其他人看起来更弱，他们就会看起来更强。精明的老板会赞美员工的长处，帮助他们克服弱点。
- 他们的存在会让其他员工产生疑惑，为什么你雇佣了一个如此糟糕的人——你了解那个人吗？你是故意这样的，还是你的鉴别能力很差？
- 不良员工不只会影响你的其他员工，还会破坏你与客户之间的关系。如果客户要求从项目中去除某个特定的人，这对于你重新鉴别这个员工是一个重要的警示信号。

如何把一个不良员工变成一个优秀员工？

改变一个人从来都不容易，但有时你还是可以对这个不良员工重新培训，让他创造一部分价值。改变员工的好坏往往比改变客户更容易，员工通常会想尽一切办法保住自己的工作。

但有些员工根本不在乎别人是否喜欢他们。这种员工是很危险的——希望你在面试过程中把这些人排除在外。一般来说，没有人在进入一个行业之前就是卑鄙、挑拨离间的。这些通常是后天习得的行为，出于某种原因，比如过去曾在其他公司或者其他的工作室工作过。

有时，不良行为仅仅是由于过去糟糕的经历、一个坏的榜样或一个不好的习惯，甚至只是从以前的雇主那里学到的与众不同的做事方式的结果。比如，在某家公司开会迟到是可以接受的，在另一家公司说同事的坏话也可以得到默许。年轻的员工往往比较少带有这种行为的包袱，所以他们可能不需要多大的努力来改变他们自己。如果你为你的公司制定了行为的基本规范，你可以尝试去修正那些在别处学到的行为。

例如，如果有员工来自一个每个人都喜欢大声说话的办公室，那么就需要做出调整以确保这种行为不被带到你的公司。一旦你意识到不良行为，你就需要逐个处理，并将你的员工导向更可接受的行为。你可以通过指导来实现这一点，记住，指导不仅仅是传授技能，更重要的是传达文化。作为总负责人，你的工作就是表达你对员工从技能到文化方面的期望。

几年前，我的一位客户聘用了一位非常有才华的年轻设计师。她的效果图渲染技术很高超，她和公司里所有的人都知道这一点。但是这个员工非常固执，沟通能力很糟糕。她的态度是"我行我素"，这都源于她那有限的与客户交流的能力。如果有人要改动她所画的东西，或者提出需要修改的地方，她会立即怒不可遏。因此，她的同事们开始为渲染工作寻找其他可替代的方式，如寻求外包服务或办公室里其他有才华的人。最后，她意识到自己的工作岌岌可危，因为使用她独特技能的人越来越少了，于是她亲自向公司负责人请求帮助。最终，她改变了与人交往的方式，现在每个人和她一起工作起来都比以往任何时候和谐。

有时候，解决一个问题需要的是让员工看到他们自己的行为以及由此导致的困境，如果他们改变了以往的行为，问题就会消失。但不幸的是，大多数员工往往不愿改变或者没办法改变，这种行为已经根深蒂固地形成了。这些员工需要做的，要么是转去一个可以接受他们行为的公司，要么成为一名顾问，这样他们就不会被强制要求和其他人的思想达成统一。

如何解雇一个不良员工？

曾经有个客户对我说："我希望我能更容易地放手让我的员工离去，这样也许我也会好受些。"对此我的回答是，我不认为他希望成为那个铁石心肠的人。

如果你确实需要解雇一个不合适的员工，一定要提前准备一番。记录一下为什么要解雇他。尽管我们大多数人生活在一个自由就业的城市，但解雇某人并不总是那么容易。你通常需要让人们有一个延缓察看期，或者警告他们的行为或工作不符合你的期望。在此期间说任何话都要谨慎，不要讲任何可以被理解为贬损的话语。

公司通常很难告诉员工他们被解雇的真正原因。但我是诚实和直率的忠实信徒，如果你把解雇某人的理由裹以糖衣，这会让人感到混淆，还可能让你的供应商、其他设计师等迷惑不解。你应该清晰明了地简短概述你的理由。

其他你不需要的人

多年以来，我学会了一件事，与那些我想要的员工一起共事才是我快乐、成功和充实的原因。我身边的员工很清楚地知道我不想要什么类型的员工。

这意味着要避开那些只为自己着想的人。任何专业类的服务公司都必须是相互协作的，这是该领域固有的特点。所以整本书基本上都是讲关于合作的事情。

以下是一些常见的潜在合作者、同事或承包商/供应商中不关心你的类型。

- 那些只是为了拿到更高费用的猎头，虽然你是他们的委托人，但他们仍会从你的公司挖走员工。
- 负责生产你为客户设计的独一无二的产品的工匠，未经你的允许就把产品卖给其他人。
- 兼职的员工。
- 将你的知识产权给其他客户的顾问。
- 绕过你直接购买资源的客户。
- 那个对为你服务满不在乎的小贩。

上面列出的所有人都有一个共同点：他们只关心自己。我一直在本书里强调：与志同道合的人为伍。

这里只是提醒你对周围的人保持警惕。我坚信强大来自团结合作和人性的正直。留意那些不肯为你服务的人并远离他们。我们在所有的人际关系中都应该得到高度的尊重,因为如果没有尊重,人们就会出现不友好的情况。世界上有那么多值得关注的好人,你大可把注意力集中在他们身上。

The
Business
of
Creativity

2

How to

Build the Right Team

for Success

CHAPTER SIX

第六章

做好自己
分内之事

伟大的艺术教育哲学家玛克辛·格林（Maxine Greene）曾说过，"学着去过没有答案和模棱两可的生活，这样才能体验到它的奇妙"。作为一名创意工作者，你工作的一部分就是探索未知的领域。要做到这一点，你需要为创造力留出足够丰富的生活空间，身边有一群能帮你完成不擅长之事的人，以便你能更好地专注于自己的特长。这些人将为你的创造性思维提供一个无形的空间，同时也为你富有创造力的探索体验到的奇妙留出空间。这些都能助你扩展思维，滋养心灵，激发才能。

本着格林的思想，在我的一位客户举办的一次答谢会上，大家分享了他们如何避免将自己的缺点或弱点暴露给员工的故事，只是因为他们害怕自己被发现并非事事通晓。是的，我们总有不知道的时候（也许除了我的哥哥克雷格，因为他有一个百科全书式的记忆力）。他们之间的热烈讨论，突然唤起了我的一番思考。我渐渐明白这种不敢坦然面对无知是如何阻碍我们进步，限制我们的学习能力的。

恐惧是一种弱点；
脆弱是一种力量。

如果我们出于害怕而畏首畏尾，我们就不能很好地与他人沟通。如果我们脱离自身实际能力来进行自我批判和自我分析，我们就永远无法前进。承认对新思想有不了解的地方，然后与人交流，从别人那里学习，就会获得重大进步。一些人也许会认为脆弱是一个弱点，因为它意味着人性缺陷的暴露，容易被人利用。但是隐藏自己又能真正学到什么呢？二十年前，我的一个客户和我说，他已经是公司的负责人了，他觉得好像只有他一个人没有机会在公司内部成长。我立即纠正了这种想法，因为如果我们停止了前进的步伐，那么我们就不再有价值。在创造性的世界里，我们必须始终有价值。（事实证明，这个客户已经从20年前的那一天就开始了飞速成长。）

"要明白，没有人是完美的，一群不完美的人一起做一些惊人的事情才是真正的魅力所在。"

马克·弗格森
（Mark Ferguson）

我们为何需要他人

西蒙·斯涅克曾说过："如果我们擅长一切，我们就不需要其他人。"那种认为领导者必须十八般武艺样样精通的观点是错误的，真正优秀的领导者对自己的弱点和不擅长的领域了然于心。一个优秀的领导者也许不知道很多具体的事，但是他会让每一个团队成员精通他所从事的领域。优秀的领导者的工作是指点而不是去批判：给员工指出方向，然后让他们做自己的工作。

我在甘斯勒的第一份工作中学到了这一课。亚瑟·甘斯勒是善于雇佣强者的大师，同时也是个精明的商人，但他却会第一个告诉你他不是最有才华的设计师。建筑师需要很多项技能，而设计只是其中的一项。他雇佣的团队成员都是行业里最优秀的人,在他的带领下,他们的公司成了世界上第一流的建筑公司。

你的职业生涯就像一颗洋葱

我的朋友贝斯·法布和我分享了这样一个比喻,如果把你的工作生活比作是一颗洋葱,那么洋葱的每一层皮就代表了一项任务或者责任。你的目标是把除核心以外的每一层分配给对应层里最擅长的人。假如其中一层代表财务管理,如果你只是一个有创造能力的人,那么这一层可能不是你的优势,因此,你应该把这层皮剥下来,然后交给会计、财务主管,或是首席财务官处理。再举一个项目管理的例子,如果你真正投入到项目当中去,你也许就不能充分利用其他时间了。最后剩下的这层才是你的核心技能——也是你真正喜欢的工作(图6.1)。

> "对你的工作有一个愿景,使人们更容易识别你的才能。"
>
> 吉尔·谢弗
> (Gil Schafer)

我的一个客户可能是我认识的人中工作最有成就感的。他缩小了自己的擅长领域,掌握了让其他人负责处理各种事务的管理艺术。他是公司大多数项目的首席建筑师,在构思好设计概念后,就把草图交给他的高水平的

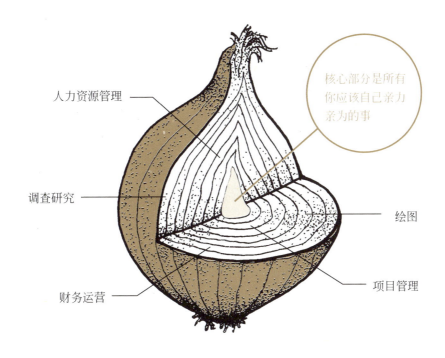

图 6.1 剥洋葱

技术团队去执行。他花了几年的时间去培养适合他们公司的团队,所以员工们能彼此发挥优势,创作出优秀的作品。他热爱自己的工作,因为他能做自己喜欢的事情。有一天他对我说,他是自己认识的人当中最少不快乐的人。而这一点值得我们每个人去好好体会一番。

发现自己的强项和弱点

那么,让我们从如何了解自己的长处和弱点开始吧。这个测试很简单,可以帮助你评估自己喜欢在哪些地方花费更多或是更少的时间。如果你对自己诚实的话，就能轻松地识别出自己的强项和弱点。然而测试也是困难的，因为我们往往很难对自己的能力做出最好的判断（图6.2）。

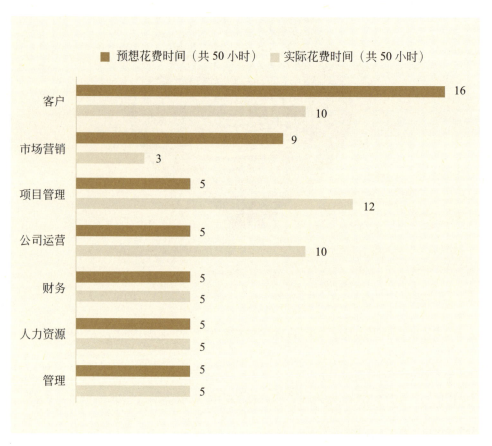

图6.2 这个样本图表显示了公司负责人在各种活动上实际花费的时间和期望花费的时间

首先列出你绝对喜欢做的事情，最后是你不想做的事情。然后，根据你对每一项活动的熟练程度，对这些活动进行排名——不必考虑自己是否喜欢做它们，而是优先考虑那些真正属于你盘子里的，因为它们通常是你最擅长，也是你能做到最好的。把这份清单复制一份,擦掉你的排序,与你联系最密切、最了解你的人分享。让他们根据你的技能水平对你的任务进行排序。比较两份列表,看看你是否同意你信任的同事对你最擅长的活动和你可能需要委派他人的活动所作的判断。

评估你的技能和才能

列出你的优点和缺点。

- 从所有你能做的事情开始。不管你是不是做这些事情的合适人选。例如,你可能喜欢自己做旅行安排——虽然这可能花费时间,但是你很享受。
- 一旦涵盖了所有你所做的事情,那么现在标记出清单上只能由你来做的事。自此,这份清单的内容应该会有所减少。
- 现在对标记过的项目根据它的重要性进行排序。
- 标记出所有你希望别人能代替你做的事情。
- 在清单中仔细考虑那些必须由你来做的事情,不管它们是不是你最喜欢的。
- 最后,列出别人能做的事情,并弄清楚哪些技能是他们所需要掌握的,这样你就可以把这些事情委托给别人(图6.3)。

技能评估

要完成的任务	我要做的	委派给资深设计师	委派给其他员工
会见潜在客户		✓	
财务审核	✓		
出版物采访	✓		
图纸审核			✓
初级工作人员考核			✓
制定行程安排			✓
会见会计师	✓		
战略规划	✓		
项目选择	✓		
撰写提案			✓

图 6.3 你需要负责的和要分配出去的任务清单样本

接下来，让我们进一步探讨如何巧妙地利用自己的优势和不足作为成长的工具。

● 将你的优势和劣势放在一个可视化图表上，y轴罗列出自己的优势与劣势，x轴列出自己所有的任务。通过这个图表你就能很直观地知道如何平衡你的工作与生活，哪些任务是一定要自己亲力亲为的，哪些是需要委派给其他员工的，这样才能创造出更加令人满意的职业生涯。你的强项为何让你来做是有原因的：很大概率上，你不仅擅长它们，而且乐在其中，享受其过程。因为当我们从事我们所喜欢的事情时，我们常常满怀激情，充满自信和愉悦。

● 一旦你明白了自己的弱点，你将有两种选择：可以找合适的人来替你完成你认为难做的任务；或者可以弄清楚自己是否有兴趣获得这些技能，将这些弱点转化成优势。

我曾经对于演讲非常没信心。通常我可以在一对一的情况下创造良好的对话，但在人群面前说话我从来都不擅长。我决定通过教学来获得这一技能，于是我作为教师和客座讲师效力于加州大学洛杉矶分校的建筑和室内设计拓展课程。经过十七年的讲课，现在面对大小团体的公众演讲对我来说都游刃有余。

● 专注于构建一个平台，将其他人应该做的事情委托给他人。如果你身边有能力较强之人，他们会让你变得更强大。一旦确定了你要委派的人，你就需要磨炼你的委派技能。委派确实是一门真正的艺术。请再次参照《设计是门好生意：创意天分与商业智慧的平衡之道》第四章中的委派图表和相关讨论，了解最佳方法。

我常被问到的问题是：如何去寻找我可以委派的人？首先对现有的员工进行评估。如果你发现他们的技能存在漏洞，你可能需要重新聘用新员工或培训你现有的员工使其能完成这些任务。(这可能需要花一些精力，但是培训你现在的员工往往比引入新员工更容易些。因为新员工总不能那么快地适应公司。)如果你想招聘一个具备公司里空缺技能的员工，那么请参考本书的第四章。

以下是对一个典型的高级别创意人员的职责及其可以被委派出去的职责的分解：

保留	委派	匹配人选
公司文化	文化认同	全体员工
项目概念/愿景	项目执行	高级设计师
客户交流	客户跟进	项目经理
财务监管	财务运营	首席财务官/会计 ❶
领导能力	管理能力	高级职员
业务指导	雇佣/解雇	办公室经理 ❷
公司形象	市场营销	市场总监

❶ 即使可以聘请会计或财务总监，你仍须为公司承担最终的财务责任。

❷ 你必须掌握你雇佣的人。你无须直接面试，甚至不需要管理他们，但你需要知道他们是否与你的企业文化相符。对于你的直接下属，你不能委派他们进行审查、纪律处分或解雇。

让我们回顾一下以上的列表。

- **公司文化**。公司的环境和运作方式应该反映出你目标中的公司类型。

- **文化认同**。一旦你建立了一种公司文化，确保每个员工都对公司文化认同是很重要的。例如，你想要一种每个人都能在努力工作和安闲生活中取得平衡的公司文化，那么你就必须坚持这种理念。如果你突然开始长时间加班并期望你的员工效仿，文化就会发生变化；同样地，如果你的团队中有一个高级员工产生了不同的期望，那么这个人的团队很可能会开始遵循这些习惯，公司文化将再次改变。

- **项目概念/愿景**。你希望把控每个项目的总体概念和愿景。不管怎样，一旦你明确这点，你就可以把它交给你的员工去执行。如果项目概念开始转变，除非你认同这个变化，否则你就要修正项目的发展方向。在这期间你更多地是扮演一个审校者的身份，而非执行项目的角色。对于许多负责人来说，这是他们期望做到的，因为当面对大量的工作时，这样做才是高效的。你始终有权否定项目中不满意的细节，负责与客户交流的人应该把他在与客户交流过程中做出的改变提前展示给你。

- **项目执行**。你可以委托团队中的一名成员执行你的设计概念。如果你从一开始对设计细节不那么斤斤计较，你就可以专注于项目的整体设计以及与客户的交流。一个能理解你的设计方向，并能在你的想法的基础上打造一个深思熟虑的作品的员工真是上天赐予你的礼物。

- **客户交流**。大多数设计师都希望能与客户进行交流。但重要的是必须让客户明白，该项目是团队合作的结果，你周围有能力更强的员工更适合于某些任务。

- **客户跟进**。你委派给团队的越多，客户对你安排的负责跟进他们的人就越满意。谨记交流的重要性，如果你的高级员工与客户相处得很融洽，那么你就无须牵涉进来为本该委派出去的问题而耗费精力。

- **财务监管**。我听过太多设计师把业务交给财务总监、业务经理和会计，结果却发生了贪污这样的事。这是因为公司失去了对财务职能的控制，而更糟的情况是，居然有些公司的领导人把财务控制权交给其他员工。所以请参考第一章，充分了解哪些事项可以委派给他人，而哪些地方需要你亲自参与决定。最后，你需要了解公司的财务状况——毕竟这是你的公司，你有权知道这些信息。

- **财务运营**。请再次参考第一章对该职务的详细描述。简而言之，你能够委派出去的就是办公室的日常财务管理。账单、发票、工资、合同、项目管理以及其他一系列的财务任务可以由财务人员执行。而你需要做的就是监督财务经理的工作，定期审查公司的业绩报告。

- **领导能力**。领导能力就像一种企业文化：你需要以身作则。你怎样对待客户和供应商，你的员工也会怎样对待他们。我经常说，不好好对待服务员的人自己也不会好到哪儿去。这表明他们对待下属时的态度与他们对待同辈或上级截然不同。一些设计师对待员工的方式臭名远扬，你不希望有这种负面评价。你的员工是你建立和发展公司的最大财富，他们就是你公司的代言人，你所做的就是要让他们为自己所做的工作感到自豪。

- **管理能力**。领导力是给员工的职业生涯和他们正在进行的项目奠定基石和指明方向，而管理能力则是通过调配各方资源，发挥出最大的优势，以此来推动工作和项目的进展。你不希望把领导权让渡给他人，但管理权是可以交给合适的人选的。

● **业务指导**。公司里人人都可以成为业务导师（除了刚从大学毕业的新员工）。你负责指导高级职员，高级职员指导中级职员，中级职员指导初级职员。作为公司领导人应该不断寻求职业生涯的自我成长，学会让自己保持和其他员工和谐共事，并掌握合理委派员工的艺术。

● **雇佣/解雇**。你可以将管理员工的权限，包括聘用与解雇的权限交给你的高级员工。然而，如果是你的直接下属或者加入公司很久的老员工解雇，你就应该参与其任免过程。解雇的时候不要总是说员工表现不佳，或者员工不适合公司，公司不适合员工的言论。解雇员工时应该以尊重和理解的方式对待他们。

几年前，我被一个相当知名的设计师聘用了。在仅仅几周后，我接到一个电话，电话里他坚持要解雇一个在公司待了十九年的会计。更糟糕的是，他们要求我通过打电话的方式去解雇这名员工。我试图解释说这样做不太好，因为这个人对公司的负责人来说很重要。但他们说，如果我不这样做就不再继续与我合作。我回答说："如果这是你经营生意的方式，那么我们无法达成一致，我不能跟任何认为这样做理所当然的人一起工作。"于是那天我们结束了合作关系。

● **公司形象**。当你成为公司负责人的那一天起，你就是公司

> "为客户提供优质服务或善待客户没有快进按钮。没有这种技术，也永远不会有。"
>
> 苏珊娜·塔克
> （Suzanne Tucker）

外部活动、推广和营销的代表人。这个任务不能委派给别人。然而，如果你明白其实每个人都是公司形象的大使，那么你就要指导员工，让他们成为公司价值观的完美体现，他们就能够代表公司的形象。

- **市场营销**。市场营销环节可能需要你参与很多的活动，比如在公开场合举办活动或推广某个项目，但要有所选择，尽量选择一些你想从事的活动。许多营销任务可以委派给别的员工。有关如何处理营销工作的更多内容，请参阅第三章。

面对失控

有没有那么一刻，当你走进办公室时会想，"难道这不是我一心想要创办的公司吗？"人们也经常这样问我，特别是刚刚成为我的新客户时。失去对公司的掌控时有发生：有一天，你一觉醒来发现委派出去的任务都是错误的。公司的企业文化本来是你的责任——直到你不再对它负责，此后，公司里话语最有力的人就会接管。比如首席设计师、办公室经理，甚至是你的私人助理。你让这个员工成了你的守门人，使得别人无法与你接近。一个成功的守门人应该为你提供帮助，他确保你可以与那些推动公司进步的人交流。而一个失败的守门人喜欢操纵权力，以他们的一己好恶控制你能够接触到的人，我称之为"夏娃综合征"。

我们曾与一位客户共事，这位客户是室内设计师，她让她的办公室经理掌管公司的几乎全部业务。她只负责会见客户，其余任务都委派给别的员工。有一天，我们接到了为她的办公室招聘一名高级设计师的任务。我们惊讶地发现，一旦我们说出这位室内设计师的名字，人们就不再给我们回电话了。我们不理解人们为什么对这家公司有如此不好的反应。我们了解到，这家公司以出色的作品而闻名，但它几乎是一家血汗工厂，有个令人难以忍受的办公室经理。这就是一个负责人失去对公司控制权的案例。

公司的文化和未来发展掌握在你手里，不要把这些委托给其他人，那个室内设计师最终意识到需要重新管理公司，并更换了办公室经理。慢慢地，一种积极的企业文化氛围开始回归。现在我的客户不再害怕去办公室，相反，她爱上了那里的员工，而员工们也都喜欢自己工作的地方。

当你失去对公司控制的时候，可能并不是很容易发现，但通常会有一些迹象：比如每次去公司你总想偷偷从后门溜进去，而不是正大光明地走进去；想在家工作，因为想待在除了工作场所以外的任何地方；或者是你不喜欢办公室里的工作任务了。所有这些看起来都是小问题，但它们会导致更大的问题：你在慢慢地失去对公司的控制。（请记住，控制本身是一件好事——你把控得越多，你就越能够把任务委派下去，你的公司运营也会更好。但绝对的控制则不然，任何东西抓得太紧都会导致失败。）

一旦你意识到你已经失去了控制权，想要重新拿回控制权，以下几步能帮助你完成这项任务。

- 首先，找出你认为自己失去控制权的原因。了解那些让你有这种感觉的症状。

- 然后找出原因：是谁接管了控制权？局面是否已经失控？你的客户或者项目是否不像以前那么活跃了？

- 一旦知道了原因，接下来就需要想出解决方案。假设你对一个项目或客户不满意，因此无法做出一个好的作品，并且如果你继续从事这个项目，对公司的声誉将会有不利影响。解决方案就是不要再做这个项目，但是为了避免法律问题，你要做到礼貌又机智地化解这一难题。（我的建议是对客户要诚实，让他们知道你的理念和他们的愿景不一致。）

- 接下来，你需要审视自己的行动带来的所有后果：它是否会造成工作效率滞后？公司财务状况会有所好转吗？是否需要裁员？这些困难看起来可能有一大堆，所以你需要把目光尽量放在它所带来的好处上，这样你就可以重新掌控住你的公司，重新获得工作的乐趣。如果你专注于你的目标，那么你就能很快渡过难关，开始再次享受你的职业生涯。

增长

永远不要为了增长而增长。

很多人问我："什么样的规模适合我的公司？"其实公司规模根本不重要，重要的是机遇。如果遇到的项目能够促进公司的发展，你可能会想接下它。最终的希望是能够挑选出最好的项目——那些最适合你公司的，不论从哪方面看都很享受的项目。

一般来说，管理人员的经验法则是每位领导带领十名员工。如果你想扩大公司规模，那么你将需要一个合伙人或者高级职员可以管理你的员工，因为你的员工数量已经超过了10人。我有一个客户，他的公司规模非常大，却只有两个合伙人，但他们的管理团队是由27位经验丰富的领导人组成，并且他们非常了解公司的文化和领导层。

扩展你的品牌/开设新的办事处

我经常被问到，在另一个城市开设办事处，经营两个不同的经济区域是否明智。我的答案始终如一：如果你去这个新的城市仅仅是为了挂上你的招牌，那么大可不必。最好的方式是让一个客户带你到那个城市，看看那里究竟有多少潜在项目，以及你是否喜欢这个市场。我的答案的另一部分，也是我经常会问的问题：谁来管理那个办事处？如果你雇新员工来经营那间新办事处，而你大部分时间都不在，那你的新办事处很可能会出现各种无法预料的问题。如果你把一个现任员工调到新的办事处，他将带去现有的公司文化和你做生意的技巧。这是一种把关键人物提升为公司负责人的方法，帮助你在多个地方建立一个更大的公司。重要的是要明白，你必须要参与到发展新办事处的实践中，并分配一定的时间在该城市做考察。

其他领域

我的许多客户对他们自身所受教育和经验外的领域抱有很大兴趣。一个建筑师可能喜欢景观设计；一个室内设计师或许也喜欢产品设计；一个景观设计师或许喜欢建筑设计——任何兴趣的结合都可以扩展你的公司品牌。在你采取这样的举措之前，你首先需要明确它的目的。仅仅是想从其他服务中获得更多收入或者有助于扩展你的能力，都不是一个充分的理由。它必须是因为这些与你的业务相一致的附加服务会扩大你的业务范围。你需要对这些额外的业务领域充满热情。你需要了解它们，然后找到最好的人来帮助你拓展这个新业务。这里有一些关于如何培养另一门领域技能的建议。

- 明确你所认为的公司擅长的附加服务。
- 确定新领域的相关技能将如何增加你的业务。
- 了解你当前的业务与这个新领域业务的区别。
- 研究市场，目前谁能提供这项服务。为什么你会是客户更好的选择？
- 确定这个新部门的负责人。
- 确定你将如何推销这个新的业务领域，以引入你的工作中。

而以下是值得注意的事。

- 确保你正在拓展的新技能在你的团队中能够可持续发展。

● 提防那些想拿走你的劳动成果，然后在其基础上开展他们自己业务的人。

● 小心不要疏远那些支持公司核心业务的同行。例如，如果你是一个考虑拓展室内设计业务的建筑师，并且大量的工作都来自室内设计师，那么你很有可能被室内设计师视为竞争对手，而他们可能也不会再为你工作。另一方面，如果你的一个客户不想聘请室内设计师，而希望你做这项工作的话，那么最好明确向他表示，你只为那些不会在其他领域雇佣你的同行的客户提供服务。

● 为了使新领域能够与你的核心领域处于同一工作水准，要彻底理解新领域需要什么。

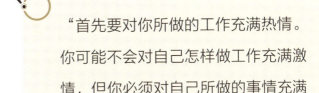

"首先要对你所做的工作充满热情。你可能不会对自己怎样做工作充满激情，但你必须对自己所做的事情充满热情。"

格兰特·柯克帕特里克
（Grant Kirkpatrick）

让我分享一个公司的故事，它没能通过增加新业务领域促成其业务拓展。这件事发生在几年前，当时经济发展的势头强劲——强到你几乎可以做任何事，并且仍然业务不断。基本上可以这样说，只要是个大活人，你就可以谋到一份差事。一位设计师客户对我说，"我想在原来建筑业务的基础上开展工程业务。"我的客户与一个总承包商有着非常密切的关系，他在自己的领域也很受尊重，但由于厌倦了自己的工作，想和另一个承包商合作。我的客户最终说服了这个总承包商，加入蓬勃发展的建筑行业，以便更好地拓展他们的业务。因为当时经济发展势头如此强劲，他们都有足够的能力来维持企业在转变过程中的经营运转。他们达成了收购协议并且合并了业务。过了近一年的时间，整个金融市场崩溃了，工作变得很难找。项目被迫关闭，虽然建筑行业有足够的业务量使已经在建设中的项目继续进行，然而工程公司却发现他们已经没有了新项目。以前，对建筑师来说，承包商是一个巨大的推荐人资源，但现在没有人愿意引荐工程，因为担心公司内部承包的做法可能会夺走建筑工程。而且，其他的建筑师并没有把工程交给公司的总承包部门，因为他们担心自己的工作会输给对方。这两种做法都无法单独维持另一家公司的市场。意识到这两家公司都无法生存下去是很残酷的。

我把这件事情作为一个警示性的故事来分享：必须十分清楚你想走什么样的路。尽管如此，还是有很多跨不同领域的公司经营得很成功，这是因为他们不光建立了良好的市场地位，而且了解其目标市场。

社群的重要性

没有人是在泡沫中变强大的。

对我们每个人来说，社群都意义非凡。无论是你的兴趣爱好或者职业规划，为了进步，最好学会和别人一起合作。知道"高处不胜寒"这句话吗？这听起来多少有点陈词滥调，但这句话讲的却是事实。在公司位处高层往往是孤独的，因为有太多不能与他人分享的东西。如果你与员工分享，当他们向你寻求答案时，你就会变得极为敏感；当你试图与你的生活伴侣分享你的担忧时可能会感到沮丧，因为大多数时候他或她宁愿谈论其他任何事情，而不是你的生意；而你也真的不想因为你的朋友和家人不感兴趣的商业问题让他们有负担。所以你需要求助于一个你可以分享激情的群体，你可以在你所属的行业中找到它。你的同行是你最好的试金石，以帮助你判断你的决定是否正确。他们会成为你对未来员工、未来客户和业务实践最有力的支持。

如果你没有合适自己的社群，那么你大可通过和同行定期举办聚会，从中为自己创建一个属于自己的社团。几年前，我与设计领导人委员会合作，在一群有才华的设计师中建立了社群，因为那时没有设计师可以真正相互交流、分享商业热点和资源的网络。该社群的任务是讨论设计的价值，它现已发展成为由超过二百多名成员组成的常设组织机构。作为一个领导者，你需要聚集你所在行业的同仁，发展属于自己的社群。

爱你所做的一切

最后,我希望你思考一下你应该扮演的角色。你是一个有远见的人,需要领导自己的公司。你最重要的三个职责是领导能力、发掘资源和战略思维。所有这些任务都不能委托给其他人。

保持清晰的视野。时刻反思,并始终关心自己的身心健康,因为如果你想法不清晰,你的团队和公司将会遭殃。你的工作就是保持联系,不断学习和探索。如果不这样做,明天就不是崭新的一天,而是日复一日地重走老路。希望你每天醒来,爱你所做的一切。

鸣 谢

写完《设计是门好生意：创意天分与商业智慧的平衡之道》一书后，我从未想过我还会有第二本书。但在无数人的帮助下，开始有了这本书。我要感谢很多人，他们见证了这本书的成长。

首先最重要的是，我要感谢安德鲁·塞莎，每次我脑子空白不知道写什么时，总能帮我从脑子里挤出话来。

我要感谢所有同意接受本书采访，并与我分享他们智慧和经验的人。他们是夏洛特·摩斯、克里斯·波拉克、吉尔·谢弗、格兰特·柯克帕特里克、马克·斯扎夫兰、马克·弗格森、梅格·托博瑞格、内维尔·特纳、奥斯卡·沙玛米安和苏珊娜·塔克。

我要感谢我的伴侣，乔恩，和我的两个孩子，乔希和德鲁。为了完成这个项目，我很长时间都没能陪伴在他们身边。我对你们三个的爱是永无止境的。感谢我所有的家人和朋友，在我写这本书的过程中，他们一直支持我，也支持我日常生活中时不时冒出的所有疯狂想法。

在我身边多年的、无与伦比的克里斯汀·托普。他就是给我指引方向的空中交通管制员，工作中激励我的摇滚歌手。你对我的忠诚和信任使我永远感激不尽。

在普林斯顿建筑出版社里，我要感谢凯文、珍妮弗、塞拉、保罗、本杰明、珍妮特·贝恩、胡特和詹姆·纳尔逊·诺文对我的支持和指导，使得我们一起创作出了这本精彩的书。

和我的第一本书一样，没有吉尔·科恩的专业技能指导，这本书无法写成。朋友兼同事的他，让我十分敬佩。

每年我都通过在设计委员会的工作来充实我的内心。这个工作使我感到自豪，我也很荣幸能和我的伙伴梅格·托伯瑞格一起分享领导经验。戴娜·柯拉对这个组织奉献了很多，每天创造惊奇。戴娜·柯拉对我和梅格的支持和指导使我们变得更有价值。

我走过了很长的职业生涯之路，但总是在推动设计行业变得更好的路上。想到这一点，我想感谢所有在设计者背后付出的人，让我们一起来推动室内设计这个行业的革新。非常感谢我的搭档兰斯·海贝尔，感谢你的聪明才智和敏锐的洞察力，还有我们的团队：瓦琳·雷默、克里斯·威尔逊、莎拉·沃尔什和罗伯特·斯通。我还要感谢我们的董事会，汤姆、丽莎、卡里以及莎娜，感谢你们给我的指导以及提出的明智建议。也向所有相信我们能够让这个梦想成为现实的投资者致敬。

我是一个被恩赐的人，每天都过着我珍惜的生活。我母亲多萝西·格拉内给予了我生命和向往成功的动力，感谢你一直无条件对我的爱和支持。最后感谢玛丽安·纳尔逊，因为你的支持和爱，我的生活才如此闪亮。

The Business of Creativity

2

How to
Build the Right Team
for Success